马晶 著

冷战后韩国的东北亚政策研究

A Study on Northeast Asia Policy of South Korea after the Cold War

朝鲜－韩国研究丛书
（第十五辑）

时事出版社

教育部人文社会科学重点研究基地
延边大学朝鲜韩国研究中心

目录 Contents

前　言

韩国位于东北亚朝鲜半岛南半部，是东北亚地区一个力量相对薄弱的国家，历史上曾是中原王朝的藩属国。清末，清朝于甲午战争中战败，韩国脱离与中原王朝的藩属关系，后成立“大韩帝国”，1910 年被日本吞并，二战后光复获得独立。1950 年朝鲜战争爆发，南北分裂，北方国家称朝鲜，南方国家称韩国。在漫长的冷战时期，韩国一直处于美苏争霸和东西方对峙的夹缝之中，在安全上依赖美国，外交和防务长期不能自主。但是，经济上的成功和 1988 年汉城奥运会的成功举办，提高了韩国的国际地位。对于一个经济繁荣、民族自尊心增强的韩国来讲，仅仅在大国的夹缝中求得国家的安全与生存，显然不是其对外关系的根本目标。1988 年卢泰愚总统推出“北方外交”，把同社会主义国家关系的正常化放在对外政策的首位，占据了外交上的主动地位。1990 年 9 月韩国与苏联实现了外交关系正常化，1992 年 8 月同中国建立了外交关系，韩国“北方外交”取得了巨大成功，使得“韩美日”不再是韩国外交唯一可以依赖的选择。至此，韩国与东北亚四强国（美、日、中、俄）均建立了外交关系，韩国逐渐摆脱冷战阴影，其外交政策真正走向东北亚。

韩国的东北亚政策以东北亚地区为关注对象，主要围绕韩国与美、日、中、俄四大国的关系展开。东北亚政策在韩国的对外政策中居于重要地位，以下将对本书使用的术语“东北亚”加以界定。

东北亚是指囊括朝鲜半岛及其周边地区的广泛地域。“东北亚”一词早在20世纪初论述远东国际关系的著述中就已使用，其地理范围大致包括旧称“远东地区”的俄国西伯利亚地区、中国东北、朝鲜半岛及日本诸岛。① 将东北亚作为一个独立的国际关系区域范围来论述，最早见于20世纪70年代，美国学者斯卡拉皮诺在《亚洲及其前途：列强争衡》一书中将“东北亚”作为国际关系区域的概念来使用。② 此后数十年，东北亚国际关系这一称谓逐渐为国内外学者所接受。一般来讲，东北亚包括如下国家和地区：日本、韩国、朝鲜、蒙古国、俄罗斯的远东和东西伯利亚部分，以及中国的东北地区。从政治、军事安全层面来看，东北亚问题不再仅仅是区域内的事情，它已经突破地域界限的阻隔，成为亚太乃至世界性的问题。如今人们已经把东北亚和世界局势联系起来，东北亚地区错综复杂的问题似乎成为附着于地球上的多条敏感神经，牵动着世界大局的变动。因而，广义范围的东北亚地区还应包括美国在内的对东北亚国际社会有巨大政治影响的国家。目前，学术界对东北亚这一概念及其地理范围的界定方式有四种：第一种是地缘政治、安全概念，用东北亚概念指西北太平洋地区，它特指中国、美国、日本、俄罗斯、朝鲜和韩国；第二种用东北亚概念指西北太平洋地区，指中国、日本、朝鲜、韩国；第三种是自然地理意义上的概念，指中国、蒙古国、日本、朝鲜、韩国、俄罗斯的西伯利亚和远东；第四种，东北亚的范围不是以各主权国家的整体为单位，而是以各国实际上参与该地

① ［美］马士·宓亨利：《远东国际关系史（中译本）》，上海书店出版社，1980年，第199页、第651页。

② ［美］斯卡拉皮诺：《亚洲及其前途：列强争衡》，加利福尼亚大学出版社，1975年，第12页。

区经济合作的西北太平洋沿岸地区为范围。① 本书内容倾向于第一种，因为本书主要论述韩国与东北亚四大国，即美国、日本、中国和俄罗斯的关系，但因涉及中韩关系的论著较多，故本书未专设章节论述中韩关系的内容。

韩国的东北亚政策是其外交的主要方向，冷战结束后，东北亚国际关系进入了新的发展时期，韩国国情和对外战略环境都发生了重大变化。韩国作为东北亚地区的中心国家之一，需要在保持韩美同盟关系的前提下，适度平衡发展与美、日、中、俄四大国的关系，东北亚地区是韩国走向亚太和世界的第一站。联盟及准联盟理论是韩国东北亚政策形成的理论依据。冷战后，韩国充分调动本国的经济、地缘政治优势，在巩固韩美同盟关系、加强韩美日三边协调体制的同时，发展与中、俄的友好合作关系，从政治、经济、安全等方面突出其东北亚中心国家的地位。

韩美同盟关系是韩国东北亚政策的基轴。冷战时期，韩国的东北亚政策是以对美“一边倒”为主要特征的，韩美同盟有效地维护了韩国的和平与安全，促进了韩国的稳定与繁荣。冷战结束后，韩国将其对美政策进行了调整，韩美同盟也超越了建立之初的军事同盟，逐步发展成为面向21世纪的全面战略同盟，韩美同盟关系是韩国东北亚政策的基础。

韩日关系具有“准联盟”关系的性质。韩国在实施其东北亚政策的过程中，同日本发展合作关系，一方面可以进一步平衡韩国与美国的战略同盟关系，减轻单方面对美国的依赖，另一方面对韩国发展经济、在安全方面寻求日本提供的支持和援助也是极为有利的。尽管由于历史问题及领土争端的羁绊，韩日关系只是韩美日三角关系中的“短腿”，但是在安全领域，韩国的东北亚政策始终维系着韩美日三边协调体制。

① 王绍章：《俄罗斯东北亚战略研究》，吉林大学博士学位论文，2005年。

中韩两国互为重要的伙伴关系。中韩建交后，双方关系取得了飞速发展，被誉为双边关系史上的奇迹。1998年11月，中韩两国决定建立“面向21世纪的合作伙伴关系”；2000年10月，双方决定将这一“伙伴关系”推向全面合作阶段；2003年7月，两国再次宣布构筑“全面合作伙伴关系”；2005年11月，两国又表示“全面合作伙伴关系”进入了新的发展阶段；2008年5月，以韩国总统李明博访华为契机，两国关系提升为“战略合作伙伴关系”。但是中韩关系受制于美国东北亚战略的影响，与此同时，中韩关系发展中也存在着一些问题。

韩国与俄罗斯的关系是伴随着东北亚国际政治、经济格局的变化而逐步演进的。苏联解体后，俄罗斯成为苏联的主要继承者，韩俄两国在政治、经济、能源等领域积极开展交流与合作，但是韩俄关系无论是在力度还是层次上，都有别于政治经济蓬勃发展的中韩关系，韩俄两国在未来的合作中将有崭新的发展空间。

2013年2月25日，韩国历史上首位女总统朴槿惠宣誓正式就职，标志着朴槿惠时代的到来。朴槿惠担任总统后继续践行并推进东北亚外交，确立缔造“第二个汉江奇迹”、开启“国民幸福时代”等执政理念和治国方略。在对外政策方面，朴槿惠表示今后将与中国、美国、日本、俄罗斯及亚洲和大洋洲等区域内国家增进互信。为缓和亚洲地区的紧张局势，朴槿惠提出了“东北亚和平合作构想”、“欧亚倡议”等国政课题，体现了韩国政府对东北亚地区国家关系的重视，韩国的东北亚政策在其对外政策中占据重要地位。

韩国是中国重要的邻国之一，是对中国经济建设和国家安全有重要影响的国家之一，研究韩国东北亚政策的演变过程及其动因，将有助于判断韩国与东北亚各国关系的走向及其对中国外交政策的影响。

绪 论

第一节 研究目的及意义

韩国的东北亚政策以韩美同盟为基轴，以韩日合作为辅，维持国家安全，韩美同盟关系是韩国东北亚政策的主要内容。冷战结束后，东北亚国际关系进入了新的发展时期，韩国国情和对外战略环境都发生了重大变化。作为东北亚地区的中心国家之一，韩国要发展，就需要在保持韩美同盟关系的前提下，适度平衡发展与美、日、中、俄四大国的关系，东北亚地区是韩国走向亚太和世界的第一站。

处理好与周边国家的关系是确保外部环境和平稳定的关键因素，这就需要对周边国家的外交政策进行系统的研究，以达到对其全面了解和足够重视的目的。冷战结束后，韩国的外交政策环境发生了重大变化，东北亚地区是韩国对外政策推进的主要方向。在东北亚新秩序的形成过程中，韩国的地位与实力正在上升，对韩国这一中国邻邦的对外政策进行研究，对于中国经济发展、政治稳定以及对外战略的调整十分必要。

本书的确立主要基于以下几方面的考虑：

第一，东北亚地处欧亚大陆东北端，属于国际战略学中确认的“国际战略基线”、“东区”一端的热点，战略地位异常突出，历来是大国战略争夺的“演兵”之地。冷战虽早已结束，但冷战思维依然在该地区发挥“余热”，该地区社会制度的差异、意识形态的对垒以及大国间利益纷争盘根错节，特别是朝核问题的出现，使得东北亚地区局势复杂多变，成为名副其实的国际热点地区。因此，东北亚地区的稳定对世界和平与发展有着直接的影响。

第二，在中国的外部环境中，东北亚是最重要的周边地区之一。东北亚地区是中国生存与发展的基本环境，东北亚地缘政治的稳定与否，构成了影响中国国家安全与社会发展的直接外部条件。中国的长期稳定发展离不开东北亚地区安定、和平与合作的环境，实现该地区的长久和平是中国外交政策的目标之一。而这一目标得以实现，需要与包括韩国在内的相关国家合作。中国和韩国同是东北亚地区的中心国家，维护朝鲜半岛和东北亚地区的稳定与繁荣是中韩两国都面临的任务，因此中国和韩国都需要调整自己的战略，以适应冷战结束后新的世界环境。中国抓住了机遇，深化了改革，实现了经济的振兴，综合国力大为增强。韩国在保持经济增长的同时，积极展开外交攻势，不断增强其外交力度以拓展本国在东北亚地区的影响力，巩固与美国的同盟关系，加强韩美日三边协调体制，发展与中、俄的友好合作关系，韩国的国际地位空前提高，同时也增进了其国家利益。

第三，韩国是中国在东北亚地区重要的邻国之一，是对中国经济建设和国家安全有重要影响的国家之一。冷战结束后，中韩结束了历史上形成的长期隔绝的不正常状态，于 1992 年正式建交，实现两国关系正常化。中韩实现关系正常化以来，双边关系在政治、经济、外交、社会、文化等各方面都取得了举世瞩目的成就，被誉为双边关系史上的奇迹。朴槿惠担任韩国总统后更加注重对华外交，中韩两国首脑频繁会晤，进一步增强了两国领导人之间的政治互信，双方通过发表《中韩面向未来联合声明》和《充实中韩战略合作伙伴关系行动计划》，全面提升和充实了两国战略合作伙伴关系的水平和内涵。研究韩国政府的外交政策，对于更好地扩大中韩双方的合作领域具有重要意义。

第二节 学术界对韩国外交的研究

一、韩国学术界对韩国外交的研究

韩国位于欧亚大陆的最东端，长期以来一直处在大国政治的夹缝中，可以说其民族的历史就是一部在大国政治的笼罩下求生存、求发展的历史。二战结束，朝鲜半岛终于获得独立，但是美苏对抗又使朝鲜半岛沦为东西方冷战的受害者，朝韩两国至今仍然处于南北分裂状态，并因朝核危机而成为当今世界的安全热点地区。基于这种独特的历史和地缘背景，韩国对国际政治的严酷性有深刻的体会，国际关系研究和国家战略研究成为关系其国家命运的举足轻重的领域。[①] 几十年来，南北统一问题，韩国与美、日、中、俄四大国的关系，以及东北亚安全等具体研究课题，始终为韩国政府和学术界所重视。

韩国外交安保研究院是韩国外交部下属的官方职能机构，素有韩国外交官的“摇篮”之称。安保研究院的主要任务是为政府决策部门提供中长期外交政策建议，并对当今国际热点问题进行分析。该院直接承担了韩国外交通商部大量的核心课题，其专业性研究《外交安保研究院政策研究系列》较为平衡和客观，可直接供外交决策部门采纳，并成为

---

① 金润道：《韩国国际关系理论研究——发展、现状与问题》，《世界经济与政治》2004年第5期。

其他研究机构的重要参考。2007 年初，由该研究院 13 位专家集体创作并出版的《转换期国际形势和韩国外交》一书，深入分析了新时期韩国面临的内政、外交、经济和安全形势。该书认为，随着朝鲜核问题解决、韩美自由贸易协定（FTA）达成协议，东北亚安全合作机制的建构已经提上日程。在这样风云变幻的国际环境下，韩国应该迎合时代的发展，重新审视韩国的外交政策，专家们为韩国内外政策的制定提供了具体的政策建议，反映了韩国各界精英对国家内外政策和未来命运的深刻思考，其中朝鲜半岛的和平化进程和韩美同盟的发展前景受到韩国专家的广泛关注。除了外交通商部所辖的外交安保研究院之外，韩国比较有影响的几家政府智库还包括青瓦台的智囊东北亚时代委员会、国防部直属的国防研究院，以及统一部下属的统一研究院等。这些智库大多为政府下属研究机构，主要为政府部门直接提供政策建议。韩国世宗研究所以研究本国的“国家战略”而闻名，该所于 2005 年 12 月完成了《韩国的国家战略 2020》一书。此书旨在“把握未来的国际秩序，确立韩国国家战略”，围绕东北亚经济合作、东北亚安全合作、韩国外交与安全、韩国政治与社会以及南北统一等五大课题进行了系统研究。

此外，韩国有关国际关系与对外政策、国家安全问题的专业性刊物主要有：韩国庆南大学极东问题研究所出版的《韩国与国际政治》、韩国东北亚学会出版的《韩国东北亚论丛》、韩国国际政治学会创办的《国际政治论丛》、韩国政治学会创办的《韩国政治学会报》、韩国世宗研究所主办的《形势与政策》和《国家战略》。这些学术刊物上发表的文章，主要是韩国国内各主要大学的硕士、博士学位论文，大众传媒的发展也为本研究提供了诸多最新资料。韩国的相关研究成果主要集中在以下几个方面：

第一，在国际体系、朝鲜半岛与周边四强的关系中研究韩国外交政策。韩国学者裴钟尹在其著作《韩国外交政策新解》中，对韩国外交政策的研究现状及其特征进行了概括。他在书中指出：由于受到国际形势、冷战体制的影响，从 1948 年直至现在，韩国外交有很强的对外依存性，限制了韩国外交自主性的发挥，所以韩国外交政策的研究多集中于对国际体制的研究、与朝鲜半岛周边四强的关系研究、地区机构之间关系的研究、具体的政策研究等等。[①] 韩国主要大学里以韩国外交政策为主题的硕士、博士毕业论文中，大部分是对国际体制和与之相联系的韩国外交政策的分析，现有的有关外交方面的著作、论文多为这一方面内容。

韩国学者崔东熙编著的《韩国外交政策》（社会文化研究所，1998 年）对韩国建国后的外交政策进行了较为全面的阐述。值得指出的是，该书作者提出了冷战后韩国外交政策的方向性问题，认为冷战结束和国家间关系的日益深化，必将削弱韩美军事同盟关系。作者通过此书第一部分的第三章和第四章提出了韩国未来外交政策的基本方向为“以夷制夷”政策。[②] 韩国对美、日、中、俄四大国的基本立场：不是同盟国与非同盟国的关系，而应发展同四大国的平衡关系，韩国应该利用四国相互关系的调整来获得最大利益。[③] 此书内容全面，分别考察了韩国的安全政策，统一政策，以及韩国对美、日、中、俄及联合国的外交政策，为本书的写作提供了理论框架，但此书出版较早，对韩国外交政策的论述只涉及其建国后至 20 世纪 90 年代初的内容。

《韩国外交关系解读》可以说是作者俞英玉关于东北亚各国关系研究的一部巨著，于 2006 年 2 月出版。全书共分为三部分 19 章，对中、美、日、俄各国的东北亚政策，韩国与东北亚各国的关系，南北关系，以及韩国外交政策的意义和方向等一系列问题都专辟章节进行了详细的论述，此书对本书的写作具有重要参考价值。

2006 年 6 月东亚研究院出版的《21 世纪韩国外交大战略》一书，

---

① 裴钟尹：《韩国外交政策新解》，《韩国学术信息》2006 年第 19 期。

② 崔东熙：《韩国外交政策》，社会文化研究所，1998 年，第 4 页。

③ 崔东熙：《韩国外交政策》，社会文化研究所，1998 年，第 91 页。

叙述了美国的亚太战略、中国的东北亚战略、日本的安全战略，并对韩国的应对战略进行了论述。作者提出了韩国外交的四种现实性选择：(1) 为维护东北亚的势力均衡应强化韩美同盟关系；(2) 强调韩日间相互牵制及战略性的合作配合；(3) 对中国采取经济合作和安全合作分离的原则；(4) 构筑东北亚多边安全体制。①

第二，从外交政策的行为者（总统）和外交决策过程角度进行研究。韩国关于外交政策的研究多集中于韩国与朝鲜半岛周边四强的关系和对具体政策的分析上，从而忽略了对国家内部因素及外交政策决定过程的分析。② 2001 年以后，出现了几篇以韩国外交政策行为者和外交决策过程为研究对象的学位论文和著作，前文提到的《韩国学术信息》发表的《韩国外交政策新解》就是其中一例。作者裴钟尹选择新的视角分析韩国的外交政策，以其国内因素和外交的决策过程为分析对象，采用“国际体制决定论”和“总统中心论”，系统地论述了总统、议会、官僚以及官僚体制等国内因素在政策决定过程中的作用。

第三，安全政策在韩国对外政策的研究中占据首位。朝鲜半岛分裂体制的固化和朝鲜的威胁，使安全问题在韩国对外政策的研究中占有很大比重。③ 研究安全问题的期刊、论文大量涌现，研究内容主要包括自主国防建设问题、韩美军事同盟关系中韩国防务费用增多问题、朝鲜半岛以及东北亚和平体制的建构问题等等。④ 韩国世宗研究所 2001 年出版的《东北亚多边安全合作与周边四强国》一书，就是从东北亚多边安全合作的层面分别叙述了美、日、中、俄的立场和态度及韩国的对策。由于该书出版于朝鲜发生核危机之后，缘于对韩国安全的考虑，该书作者认为在寻求构筑东北亚多边安全合作的过程中，在不刺激中、俄、朝

① 하영선:《21세기 한국외교대전략》，동아시아연구원，2006．194～196.

② 김유남:《21세기 국제관계연구의 쟁점과 과제》，서울：박영사，2000．23～24.

③ 裴钟尹:《韩国外交政策新解》，《韩国学术信息》2005 年第 21 期。

④ 안병준:《脫冷戰期에 있어서 韓國外交의 課題와 展望》，《사회과학논집》，1992．제23권： 5.

的情况下，应该加强韩、美、日三方共同体的安全合作。① 韩国学者李胜根在论文《东北亚军费增长和韩国的双重战略》中，从理想和现实两个层面说明韩国安全战略的方向。韩国理想的安全政策是加强东北亚地区国家之间的军事合作，建立东北亚多边安全机制；现实层面的安全战略是扩大先进武器的引进，实现自主国防。② 朴健英教授在《美国在东北亚的同盟困境及韩国国家安全战略的含义》一文中指出："在美国于东北亚可能出现同盟困境的情况下，为维护朝鲜半岛的稳定，韩国不仅要坚决地固守韩美军事同盟，而且还应该在政治、经济、安全等方面加强韩美间的合作。"③ 上述内容反映了韩国左、右派学者在国家安全问题方面观点的差异。总体上看，韩国官方文件和学者们的研究已经勾勒出其对外政策的主要轮廓，其中不乏有关韩国东北亚政策方面的研究，为本书从整体上把握韩国的东北亚政策提供了不少有益的借鉴。

二、中国学术界对韩国外交的研究

中国对韩国学的广泛研究始于 1992 年中韩建交，当时韩国经济发展在亚洲首屈一指，被誉为“亚洲四小龙”（香港、新加坡、韩国、台湾）之一，因而似乎顷刻间韩国学就成为“显学”。北京大学和复旦大学分别成立了韩国研究中心，全国许多高等院校和研究机构也有不少研究人员涉足韩国学领域，研究成果大量出现。中国学者的相关研究都不同程度地涉及到韩国东北亚外交战略，但对韩国外交战略和外交政策的研究主要侧重于东北亚地区多边关系及与韩国相关的双边关系，以韩国总体战略和具体东北亚战略为研究主体的著作很难找到。这里仅从东北

---

① 홍현익，이대우：《동북아 다자안보협력과 주변 4강》，세종연구소，2001．64.

② 이승근：《동북아 군비증강과 한국의 2중 전략》，《國際政治論集》，제42권，2002.

③ 박건영:《미국의 동북아 동맹전략과 동맹의 안보딜레마，그리고 한국의 국가안보전략에 대한함의》，《한국과국제정치》，경남대학교극동문제연구소，2002．62.

亚范围内韩国对外战略和东北亚国际关系演变两个方面加以简要归纳，其中包含韩国东北亚战略的有关内容。

（一）从韩国与东北亚国家关系演变角度进行研究

许多学者把对韩国问题的研究进行了系统的整理，并出现了具有一定影响的专著。高连福研究员主编的《东北亚国家对外战略》，是中国学者对20世纪90年代以来东北亚各国国家战略论述最为全面的著作。中国社会科学院亚太研究所朴键一博士撰写了第六章韩国对外战略部分。朴键一博士认为，韩国对外战略中突出的特点是对朝战略（称“统一战略”），这成为韩国制定对外战略的出发点。其还指出，随着国际形势的变化，韩国的对外战略大体经历了三个阶段：冷战时期的对外战略可以概括为对美“一边倒”、安保第一、南北对立；冷战解冻时期的对外战略可以概括为走向多元化、安保外交和经济外交并举、南北对话；冷战结束后的对外战略可以概括为全方位外交、政治经济外交为主、南北和解。该书重点在于梳理韩国对外战略的发展脉络，对美韩关系、北方政策、阳光政策、经济外交、多元外交等方面的论述弥补了以前的不足，其中的分析框架和观点都为本书提供了重要的借鉴。赵传君主编的《东北亚三大关系研究》一书，全方位介绍了东北亚各国之间的政治、经贸、安全关系，该书的第二章叙述了韩国与东北亚各国的政治、经贸及安全关系。在外交政策方面，作者认为，“韩国自冷战结束后奉行‘大国外交’，积极主动开展以经济外交为主的多边外交，一方面继续坚持与美日的同盟关系，同时又拓展与中国、俄罗斯及第三世界国家的关系”。经济方面，“从20世纪90年代到2004年间，对外贸易成为韩国经济增长的主要动力”，① 并对韩国与中国、日本、俄罗斯的双边关系进行了说明。2002年6月出版的《亚太大国与朝鲜半岛》是

① 赵传君：《东北亚三大关系研究》，社会科学文献出版社，2006年，第83页。

由陈峰君和王传剑两位学者合著的，该书对中、美、日、俄的朝鲜半岛政策进行了详尽的论述，对四大国与韩国的关系也提出了独到的见解，为本书的写作提供了大量有益的借鉴。刘金质先生主编的《中国与朝鲜半岛国家关系文件资料汇编（1991—2006）》（上、下册），为全面了解中国对朝鲜半岛国家的政策和中朝、中韩关系的发展提供了系统、丰富的文献资料。除此之外，全面、系统研究韩国问题的著作当属2005年由曹中屏、张琏瑰等编著的《当代韩国史（1945—2000）》，该书以时代为序，论述了自1945年8月15日光复至2000年金大中政府前期55年间韩国的政治、经济、社会、军事、外交诸方面的发展变化，每一章都根据历史实际和现实需要突出一两个核心问题，从学术的角度做深入分析，并专章讨论了南北关系，还着重分析了南北双方的统一政策和战略变化，论述了南北交流发展的历史特点。2011年方秀玉编著的《战后韩国外交与中国——理论与政策分析》一书，是最近出版的系统地研究战后韩国外交政策和中韩两国关系的著作，阐述了第二次世界大战后韩国外交和韩国对朝鲜的政策演变，讨论了朝鲜半岛南北关系的现状和未来走向，还深刻分析了20世纪90年代初以来的中韩关系。此外，延边大学世界史专业的博士学位论文《朝鲜半岛和平机制构建与周边国家的关系研究》（赵庸局，2006年）和《中韩政治外交关系研究（1945—2007）》（何彤梅，2008年）也对本人完成此书提供了很多帮助。其中，论文《朝鲜半岛和平机制构建与周边国家的关系研究》主要以朝鲜半岛和平机制的构建为切入点，探讨美、日、中、俄四国的东北亚政策及朝鲜半岛政策。论文《中韩政治外交关系研究（1945—2007）》的研究重点是中韩政治外交关系，尤其是该论文参阅了大量有关韩国专家学者的原版论著，并以时任韩国外长李相玉的外交回忆录为依据，阐述了韩国对中韩建交所做出的努力，部分资料在国内中韩政治外交关系研究中均是首次使用，本书充分吸收了他们的观点和见解。

（二）对韩国整体外交战略进行研究

这些研究成果多是对韩国外交政策的具体问题进行分析，其中对韩国东北亚政策的内容也有所涉及，2013 年由知识产权出版社出版、朴钟锦编著的《韩国政治经济与外交》，从韩国的自然地理、历史、语言等基本概况入手，对韩国的政治制度、经济发展模式、外交政策等进行阐述，其中包括韩国历届政府对美、日、中、俄四大国外交内容的介绍，归纳总结了韩国发展的成功经验与失败教训。此外，《东北亚论坛》《当代韩国》《当代亚太》和《现代国际关系》等学术杂志也有大量这方面的论文发表。

中国学术界除继续关注韩国的外交政策及其双边关系外，对韩国关于东北亚区域合作（包括经济共同体建设和区域安全机制建设）的构想及外交主张也有深入的研究。2006 年由中国社会科学出版社出版、朴键一和朴光姬主编的《中韩关系与东北亚经济共同体》，就是关于中韩关系与东北亚经济共同体建设的一部专著，其中包括中国、韩国参与东北亚政治、经济、安全合作的问题。主要论文有：《韩国的东北亚构想：新地经战略的探索》（李日荣，载《当代韩国》2005 年第 1 期）、《韩国的东北亚经济合作及东北亚中心战略》（安炯徒、任明，载《东北亚论坛》2005 年第 4 期）、《朝鲜半岛和平机制的构筑与东北亚安全合作》（赵成烈、崔强，载《当代韩国》2007 年第 2 期）、《探索东北亚区域安全合作体系：韩国的视角》（李熙玉，载《当代韩国》2009 年第 2 期）和《韩国的东北亚区域合作战略及中国的对策》（张隽，载《辽东学院学报》2012 年第 3 期）等。综合起来，这些文章对韩国政府提出的构建东北亚经济中心的构想进行了阐述，同时对韩国政府的相关政策和主张进行了梳理。

韩国历史上首位女总统朴槿惠上任以来，其外交政策更是引起了国内外学者的广泛关注，以韩国总统大选之后韩国对外关系为主题的论文也如雨后春笋般涌现出来。主要论文有：《朴槿惠政府能否找到韩国外交的黄金平衡点》（张键，载《求知》2013 年第 1 期）、《试论韩国朴槿惠政府的外交政策趋向与朝鲜半岛局势》（魏志江，载《当代韩国》2013 年第 1 期）、《朴槿惠时代的韩国东北亚政策分析》（齐兴霞，载《当代韩国》2013 年第 1 期）、《韩国发展方向的转变及其对中韩关系的影响》（王晓玲，载《东北亚论坛》2013 年第 4 期）、《朴槿惠访华力推“软实力”外交》（王木克，载《世界知识》2013 年第 14 期）、《朴槿惠政府的东北亚外交政策新课题》（张慧智、于艇，载《东北亚论坛》2014 年第 1 期）、《中韩新型伙伴关系与朴槿惠政府的“信任外交”》（杨鲁慧，载《国际视野》2014 年第 2 期）、《韩国朴槿惠政府东北亚外交战略的调整及其影响》（刘勃然、黄凤志，载《国际论坛》2014 年第 3 期）和《东亚合作与中韩关系》（韩爱勇，载《当代韩国》2014 年第 1 期）等，很多学者对朴槿惠政府的对外政策给予了客观的评价和展望，本人受到不少启发。

如上所述，国内外学者发表了大量有关韩国问题的论著、译著和论文，为本书的研究提供了重要的素材和借鉴。但是，在韩国东北亚政策的研究方面，具体领域和个别问题的研究成果较多，而整体性和综合性的研究成果较少，有关韩国对外政策的研究只是散见于一些论文，至于全面论述韩国对外政策方面的专题性研究迄今为止并不多见，本书争取在以下方面对上述研究成果有所补充：第一，在已有研究成果的基础上，运用联盟及准联盟理论分析韩美、韩日关系，探讨韩国东北亚政策体系形成的理论根源；第二，通过对韩国与美、日、中、俄四大国关系发展进程的考察，分析其发展动向与走势。此外，本书在分析韩国与美、日、中、俄四大国关系的过程中，分别探讨了冷战后韩美关系、韩日关系、韩俄关系的发展变化对中国外交产生的影响，并提出中国的对应方案，以期让读者更好地了解韩国的东北亚政策、韩国作为东北亚中心国家在本地区所发挥的作用，以及中韩两国在东北亚地区进行的战略互动。

第三节 研究内容

本书结合历史学的研究方法和国际关系学的联盟理论、准联盟理论以及国家利益的相关理论，分析冷战后韩国东北亚政策的体系，通过考察韩国与美、日、中、俄四大国关系的发展进程，探讨韩国与东北亚各国的关系变化以及对中国外交的影响。

绪论。此部分主要由概念的界定、研究目的及意义、国内外研究动态和研究方法等组成。

第一章，韩国东北亚政策的形成。联盟和准联盟理论是韩国东北亚政策形成的依据，本章从分析韩国东北亚政策形成的理论依据入手，考察冷战后韩国东北亚政策面临的国际、国内环境，探讨韩国实施东北亚政策的目标及制约因素。

第二章，韩国对美政策与韩美关系。韩美同盟关系是韩国东北亚政策的基轴，本章运用同盟理论，在阐述韩美同盟形成、韩国对美政策调整的基础上，揭示韩国对美政策调整的局限性，并分析韩美关系变化对中国安全产生的影响。

第三章，韩国对日政策与韩日关系。韩日关系被称为是一种“准联盟”关系，尽管由于历史问题及领土争端的羁绊，韩日关系只是韩美日三角关系中的“短腿”，但在安全问题领域，韩国的东北亚政策始终维系着韩美日三边协调体制。本章回顾韩日关系正常化及建交后两国关系的发展轨迹，运用“准联盟”理论分析韩日关系的性质，并在此基础上分析若即若离的韩日关系对中国外交产生的影响。

第四章，韩国对俄政策与韩俄关系。韩国与俄罗斯的关系是随着东北亚国际政治、经济格局的变化而逐步演进的。本章引入国家利益的概念，分析两国建交的原因，探讨冷战后韩俄政治关系发展相对缓慢的因素，并阐述近年来韩俄关系发展给中国带来的影响。

第五章，韩国东北亚政策展望。朴槿惠担任韩国总统后继续践行并推进东北亚外交，本章分析朴槿惠时代韩国的东北亚政策，同时探讨韩国东北亚政策面临的挑战。

结论。在自身发展的不同时期，韩国对东北亚地区产生过不同程度的影响，东北亚政策是韩国对外政策的重要组成部分，韩美同盟始终是韩国东北亚政策的基础。冷战后，韩国充分调动本国的经济、地缘政治优势，一方面巩固韩美同盟及韩美日三边协调体制，另一方面发展与中、俄的友好合作关系，从政治、经济、安全等方面突出其东北亚中心国家的地位，韩国的东北亚政策是平衡与务实的选择。

第四节　研究方法

本书坚持历史唯物主义和辩证唯物主义的基本立场和研究方法，并结合历史学和国际关系学的同盟理论、准同盟理论以及国家利益的相关理论，把韩国的东北亚政策放在冷战后的历史空间中进行研究，全面系统地分析了冷战后韩国东北亚政策的体系，通过对韩国与美、日、中、俄四大国关系发展进程的考察，分析其发展动向与走势。本书将历史演进的时间特征和国家关系的空间特征有机地结合起来，并在此基础上力求研究过程和研究结果的科学性、严谨性及客观性。

第一，同盟及准同盟理论。本书以同盟、准同盟理论来分析韩国东北亚政策的形成。在东西方冷战对峙的框架下，由于韩美同盟关系及韩日准同盟关系，韩国的东北亚政策紧紧地依附于美日，与中苏对立。冷战结束后，韩俄、中韩相继实现关系正常化，韩国的东北亚政策也进行了调整，从对美外交的“一边倒”逐渐转向多元化。即便如此，韩美军事同盟的性质并没有改变，韩国一直坚持把韩美同盟作为东北亚外交与安全政策的基础，在安全问题领域也始终维系着韩美日三边协调体制。正是源于韩美同盟体制，韩美同盟关系无论是在东西方对峙的冷战格局下，还是在冷战结束后，始终是韩国东北亚政策的基轴。

第二，历史分析法。通过对韩国与美、日、中、俄四大国关系发展进程的回顾与考察，对冷战后韩国的东北亚政策调整进行多角度的分析，追溯韩国对外政策的发展历程，归纳韩国在推行东北亚政策过程中发生的变化。

第三，比较分析法。本书从冷战时期的韩国东北亚政策研究入手，并对其实施情况进行探讨。同时，通过比较过去、现在、未来韩国的东北亚政策及其实践，总结韩国为体现其东北亚地区中心国家地位所进行的政策调整。

第四，本书坚持理论联系实际的研究方法，在继承以往研究成果的基础上，既注重对资料的收集、整理与鉴别，又强调对现实情况的理论分析。本书以国际关系、国际政治、外交学的相关理论与方法对韩国的东北亚政策进行考察，在客观上达到理论与现实的紧密结合。

第一章

韩国东北亚政策的形成

韩国的东北亚政策以东北亚地区为关注对象，主要围绕韩国与美、日、中、俄四大国的关系展开。冷战时期，韩美同盟关系是韩国东北亚政策的主要内容，20 世纪 60 年代中期，韩国的东北亚政策融入了日本因素，在韩、美、日三角关系的总体框架中，韩日关系被称为一种“准同盟”关系，同盟及准同盟理论是解析韩国东北亚政策形成的依据。韩国的东北亚政策并不是一成不变的。冷战后，随着国际形势、东北亚地区局势及韩国国内环境的变化，韩国调整了其东北亚政策，但是韩美同盟始终是韩国东北亚政策的基础和轴心。在冷战后的新形势下，韩国实施东北亚政策的总体外交目标是：以韩美同盟为核心和基础，强化构建韩美日安保协调机制；在此基础上巩固与中国、俄罗斯的友好合作关系，增强韩国的综合实力，在东北亚地区提升韩国的地位，发挥韩国在东北亚地区中心国家的作用。冷战后东北亚地区大国关系的总体缓和及韩国国内局势的稳定，为韩国东北亚政策的调整提供了机遇。与此同时，地缘政治因素、军事因素、经济因素等也在一定程度上制约了韩国东北亚政策的实施。

第一节 韩国东北亚政策形成的理论依据

韩美同盟是韩国东北亚政策的基轴。通常，确保国家安全、强化国防力量大体上有两种方式：一种方式是政府通过增加军费来强化国防，这被称为自主国防；另一种方式是在仅仅依靠本国的力量很难抵御安全威胁的情况下，需要通过接受来自外部力量的帮助来提高防御能力，为此需要开展外交行为，最具代表性的就是和其他国家结成同盟。[①] 同盟是国际政治的核心问题之一。[②] 关于同盟的概念，国际政治学界存在着多种定义。古典现实主义大师阿诺德·沃尔弗斯认为，"'同盟'一词表示两个或多个国家之间所做出的关于相互间进行军事援助的承诺"。这种承诺与那些松散的合作协定不同，一旦签订包含这种承诺的军事协定，国家便正式许诺和他国一起与共同的敌人战斗。菲德尔把同盟称为"统治的技术"、"国际机构"或"势力均衡的调整机制"。沃尔特把同盟定义为存在于两个或两个以上主权国家之间的正式或非正式的安全合作关系。密执安大学的辛格教授领导的 COW（Correlates of War）研究课题小组把同盟定义为以正式的军事条约形态存在的安全合作关系，并根据其紧密程度将同盟分为：相互防卫条约、不可侵犯协定或中立协定、安全协约三类。奥斯古德则把同盟定义为以特定国家或国家群为对象而使用军事资源的约定。尽管各学者的定义角度和具体阐述不同，但理论界对同盟的定义大体上持一致的看法，即同盟是两个或两个以上主

---

① ［韩］洪永表：《李承晚政府的韩美同盟政策和韩美相互防御条约》，社会评论，2010年，第148—149页。

② 汉语中与"同盟"同义的还有"联盟"一词，这两个词在汉语语境中没有本质差别，因此学术界经常交替使用。

权国家为了国家安全而缔结的正式协定。它包含三个要素：一是，同盟的主体是两个或两个以上主权国家，排除了非国家主体；二是，同盟缔结的主要考虑因素是国家安全；三是，同盟是一种正式协定，排除了国家间的非正式安排。[①] 建立同盟关系的双方不仅需要缔结相互防御条约，而且包括中立、互不侵犯协定、协商与合作。

一般来说，弱小国家利用同盟关系来保护自己的安全，强国则为自己的利益利用同盟体系调整国际体系。弱小国家在面临大国威胁时很难保护自己，唯一的解决办法就是得到别的大国的安全保证。[②] 1948 年大韩民国政府建立时，在东西方冷战的背景下，韩国作为东北亚地区一个力量相对弱小的国家，处在周边大国利益交汇的夹缝中，维护国家安全一直是其对外政策的首要目标。1950 年 6 月 25 日，朝鲜战争的爆发使韩国切身感受到来自北方的安全威胁，其寻求提供全面军事保护的意识迅速提高。与此同时，朝鲜战争也使美国认识到朝鲜半岛在东亚地区对抗以苏联为首的共产主义阵营的战略价值，韩国在美国东亚战略中的地位也因此明显提升。在朝鲜战争期间，美国向韩国投入了大量兵力，并为此付出了沉重的代价，虽然美国最终未赢得这场战争，但战争的结果却使它在“三八线”以南扶植了一个反苏、反共、反中国的政权，且结成了新的东亚军事盟友，将其在远东的战略遏制防御线由日本推向了朝鲜半岛。朝鲜战争是韩美同盟形成的最直接诱因。

1953 年 10 月，韩国与美国签订了《韩美相互防卫条约》。该条约于 1954 年 11 月 17 日正式生效，标志着韩美之间结成了同盟关系。1966 年 7 月 9 日，韩美双方签订了《驻韩美军地位协定》。此后，“美韩安全协商会议”（SCM）、“美韩联合军事指挥部”（CFC）以及《战时支援协定》等机构与法规相继建立和公布。韩美同盟是二战后美国双

① 韩献栋：《同盟政治的安全困境——连累抛弃模型的解释力及其局限》，《国际论坛》2006 年第 5 期。

② 苏俊燮：《韩美同盟的非对称性析论》，《上海交通大学学报》2004 年第 4 期。

边军事同盟中相关法律最多、体制最健全、作战指挥系统最完备的一个，对韩国的安保发挥了决定性作用。韩美同盟是在朝鲜战争的硝烟中建立起来的，韩美同盟关系也是在经历了血与火的考验后才确立的，"血盟之说"也由此而来。

坚定、巩固的同盟关系应坚持以下几种原则：第一，理念、价值、文化的同质性；第二，相同或相似的彼此利益；第三，相似的实力；第四，同盟协议规定了同盟义务发生的条件和进程等援助义务，这样的同盟更能保持其持续性。① 朝鲜战争结束后，韩国为了保障自己的生存和发展，采取了完全依赖美国提供军事保护的国家安全战略，而美国为了在远东地区同苏联相抗衡，以遏制所谓共产主义在东亚的"扩张图谋"，在政策上迎合了韩国的安全需求，两国各有所求、各取所需。韩国依赖美国提供安全保障的国家安全战略，为韩国的生存和发展创造了良好的条件。② 没有美国的援助就没有今天大韩民国的存在，这种观念在韩国人心目中是根深蒂固的。韩美同盟不仅帮助韩国抵御了来自半岛北方的武装侵略和威胁，而且帮助韩国在战后的废墟中实现了产业化和民主化，韩国借助韩美同盟实现了国家的安全与发展，韩美拥有共同的自由民主和市场经济、法治观念和人权观念。韩美同盟不仅要扩大两国间的军事协作关系，还要构筑韩美间的价值同盟和信任同盟，在朝鲜的核和导弹威胁等紧急事态存在的情况下，韩美军事同盟仍然是韩国国家安全的核心和主轴。

虽然韩美关系是以同盟的形式表现出来的，但是韩美同盟关系在发展过程中并不总是一帆风顺的，内部分歧时有发生。根据是否具有近似的能力和力量或者是否做出近似贡献的条约，同盟分为对称性、平等与

---

① 정경영:《한미군사동맹과 한중안보협력의 상관관계》,《군사논단》, 한국군사학회, 79권 0호,2014. 141.

② 黄凤志、高科等:《东北亚地区安全战略研究》，吉林人民出版社，2006 年，第 236—237 页。

非对称性、不平等同盟。具有近似的综合国力的国家之间的同盟是双边的、对称的，而且存在着平等的义务与期待。然而在力量对比上差距较大的强国与弱国之间的同盟是不对称的，存在着不平等的义务与期待。[①] 强国会向弱国提供有偿或无偿的军事援助、进行军事技术转让等等，不仅如此，强国还通过在弱国驻扎军队，一方面给予弱国的安全提供了保障，另一方面对同盟关系中处于弱势地位一方的自主性形成一种制约。这种非对称性的同盟关系不仅影响弱国的外交、军事政策，而且还会在经济决策中产生影响力。

为了保障自己的生存和安全，抵御来自朝鲜的威胁，朝鲜战争后韩国接受美国在韩驻军。20 世纪 50 年代后期和 60 年代，美国在韩国的驻军人数大约 6 万人，韩国军队实际上不是一支独立的军事力量，军事指挥权一直掌握在联合国军司令部手中。1971 年“尼克松主义”出台后，美国减少了驻韩美军人数的约 1/3，今天仍有大约 2. 85 万美国军人驻扎在韩国。在安全方面，韩国对美国具有绝对的依存性，时至今日，韩国军队的战时作战指挥权仍掌握在驻韩美军手里。此外，在综合国力方面，双方力量对比的巨大差距也使得两国之间的同盟关系成为非对称性的。冷战时期，韩国与美国保护者和受保护者之间的国家关系是显而易见的。[②] 冷战后，韩美两国在同盟中的地位和作用发生了一些变化，韩美同盟的“非对称性”为冷战后韩国对美政策调整及韩美同盟关系出现的变化提供了理论解析。但是，韩美同盟关系仍然是韩国外交政策的基础。

20 世纪 60 年代中期，韩国的东北亚政策融入了日本因素。在韩国的东北亚政策实施中同日本发展合作关系，一方面可以进一步平衡韩国与美国的战略同盟关系，减轻韩国单方面对美国的依赖；

---

① 苏俊燮：《韩美同盟的非对称性析论》，《上海交通大学学报》2004 年第 4 期。
② 苏俊燮：《韩美同盟的非对称性析论》，《上海交通大学学报》2004 年第 4 期。

另一方面对发展韩国经济，在安全方面寻求日本的支持和援助也极为有利。在韩美日三边协调体制框架下，韩日关系实际上是一种“准联盟”关系。

“准联盟”的概念与理论是美国乔治敦大学教授维克多·车在分析美日韩三角关系时提出的，维克多·车教授认为，“准联盟”是指两个国家之间互不结盟却同时与另一个国家结盟的关系。① 根据这一定义，冷战以来的韩日关系具有“准联盟”关系的性质。

维克多·车之所以要提出“准同盟”这一新的联盟理论，是因为他认为一般的联盟理论不能解释冷战以来韩日关系的性质及其主要特征。根据传统现实主义“权力平衡”的联盟理论，联盟是国家增强自己力量的有效工具，是均势政治中国家惯常使用的手段。然而，朝鲜战争后，一个分裂的韩国和一个虚弱的日本虽然共处于美国构筑的旧金山联盟体系中，尽管有共同的反共意识形态及平衡中国和苏联力量的需求，但它们却并不能携手结盟以平衡敌对的力量。而根据新现实主义的理论，日本和韩国共同面临苏联、中国和朝鲜的威胁，具备基本一致的安全利益，因此基于共同的应对“平衡威胁”的需要，两国似乎应该结成联盟或至少是友好的，但两国却花了 14 年时间才在美国的推动下实现了双边关系正常化，而且两国在 1965 年关系正常化以后一直摩擦不断，并曾数次相互威胁中断经济关系。②

此外，国内学界也有人提出并使用“准联盟”这一概念。学者孙德刚在其文章《国际安全之联盟理论探析》中指出，按照主流联盟理论，联盟可界定为“两个或两个以上国家在军事盟约之上针对特定敌人

---

① 汪伟民：《冷战时期的美日韩安全三角——准联盟理论与联盟困境的视角》，《国际政治研究》2005 年第 4 期。

② 汪伟民：《冷战时期的美日韩安全三角——准联盟理论与联盟困境的视角》，《国际政治研究》2005 年第 4 期。

而形成的安全合作关系”。[①] 但是，除联盟以外，国际上还存在不签订军事盟约但同样进行安全合作的模式，其载体是非正式协定。从形式来看，这些国际行为体之间并没有签订军事联盟协定；从法律条文来看，它们也缺乏相互援助、提供情报、共同抗击敌人等具体的承诺条款；但从行为体的表现来看，它们却一直积极地相互提供军事和经济援助、交流军事情报、参与联合军事演习等。它们在军事行动中相互支持，在外交场合也交往频繁。这种非正式的安全合作关系，即双边或多边心照不宣的、未签订正式军事协定的安全合作关系，可界定为“准联盟”。[②] 在题为《联而不盟：国际安全合作中的准联盟理论》的文章中，孙德刚进一步界定了“准联盟”理论的概念：“准联盟”即两个或两个以上国际实体在次级安全合作方针上形成的安全管理模式，次级安全合作方针包括外交公报、联合声明、备忘录、友好合作协定、联合记者招待会宣言、国内法、联合国决议等。准联盟中的“准”是指“半”、“次”和“非正式”。[③]

依据上述“准联盟”的定义，韩日关系无疑具有准联盟的性质。作为冷战时期美国东亚联盟体系中的两个核心成员国，韩日由于地理上的邻近、共同的安全威胁及它们与美国之间的双边安全安排，两国的关系具有许多联盟性质的特征，形成了一种事实上的安全关系。如驻韩美军实质上是防御日本的前线的延伸，而驻日美军事实上也是韩国防御前线的延伸；美国第七舰队和海军陆战队为韩国提供后方支援，美韩军事演习经常使用日本的基地为其提供后勤支持；美国的战术空军联队频繁地在日韩之间轮换，对朝鲜的海空侦察经常从日本的基地起飞。另外，韩日之间偶尔也进行一些防务官员的交流和安全政策的讨论，还分享某

① 孙德刚：《国际安全之联盟理论探析》，《欧洲研究》2004 年第 4 期。

② 孙德刚：《联盟、准联盟与合作关系——国际安全理论的重要命题》，《亚洲论坛》2003 年第 3 期。

③ 孙德刚：《联而不盟：国际安全合作中的准联盟理论》，《外交评论》2007 年第 6 期。

些情报和技术。[①] 然而，由于历史因素及美国东亚战略的制约，冷战时期的韩日关系摩擦不断，韩日准同盟关系始终没能超越美日韩安全三角关系的大框架。在美日韩三角关系的总体框架中，尽管韩日关系只是三角关系中的“短腿”，但也具有“准联盟”的性质。

同盟、准同盟理论是分析韩国的东北亚政策，尤其是解析韩国对美、对日政策形成的主要理论依据。借助于韩美同盟关系及韩日准同盟关系，冷战时期在东西方对峙的框架下，韩国的东北亚政策紧紧地依附于美日，与中苏对立。冷战结束后，韩俄、韩中相继实现关系正常化，韩国的东北亚政策进行了调整，从对美外交“一边倒”逐渐转向多元化。与此同时，韩美同盟内部也存在一些分歧，并做了一定的调整。即便如此，韩美军事同盟的性质仍没有改变，韩国一直坚持把韩美同盟作为其东北亚外交与安全政策的基础，在安全问题领域也始终维系着美、日、韩协调一致的同盟安保体制。

第二节　韩国东北亚政策的环境分析

冷战结束后，东北亚的国际环境和韩国的国内环境发生了很大变化，也从根本上对韩国政府的对外政策产生了巨大影响。总体和平、总体缓和的国际环境和韩国国内局势的稳定，为韩国东北亚政策的调整提供了机遇。与此同时，东北亚地区大国间斗争、合作与制约的基本格局并未发生根本改变，韩国的东北亚政策也面临着挑战。

---

① 汪伟民：《冷战时期的美日韩安全三角——准联盟理论与联盟困境的视角》，《国际政治研究》2005 年第 4 期。

一、国际环境

20 世纪 80 年代末，随着苏联的解体、两个超级大国的激烈争夺和东西方两大集团的对抗结束，世界向多极化方向发展。冷战结束后，世界的多极化，以及世界经济的一体化、区域化趋势等，对国际秩序和各国对外政策影响很大，国际关系进入新的发展时期。各国都在根据世界形势的新变化不断调整自己的政策，力图早日确定本国在今后世界上的新地位和作用。对韩国来讲，其东北亚政策的调整既充满机遇，又面临挑战。

首先，国际环境总体上趋向缓和，但仍存在不稳定因素。在冷战期间形成的两极格局瓦解引起的国际形势的最大变化，就是使整个世界由原先所处的世界大战甚至核大战威胁造成的全面紧张、对抗局势，转变为总体缓和、局部动荡。而关键的转变是终于出现了总体缓和的局势，即当前和今后很长一个时期基本上都不存在发生世界大战的危险，不会出现大国间全面的长期严重对抗。①

重视发展战略已成为世界各大国的主要政策取向，国际形势出现许多新的特点，非传统安全因素持续上升，促使大国间的合作意愿进一步增强。世界局势从总体上看仍然趋向缓和，世界上维护和平的力量仍在增长，世界和平以及安全环境要比冷战时期好得多。局部战争和地区冲突虽在所难免，但呈现数量减少和规模缩小的趋势。这些动荡多属内战性质，主要是由一些国家内部的政治、社会、民族、宗教矛盾激化所引起的，也有的是由原有国家的分裂造成的，还有少数是由国家间的冲突导致的。冷战后，国际关系总体趋向缓和，世界规模的战争发生的可能性减弱，国际社会普遍希望有一个稳定的和平环境，以利于地区和国家

① 冯江元、刘月华：《冷战后国际环境及其历史性变革》，《学术探索》2003 年第 12 期。

的发展。

其次，经济安全构成国际安全形势的重要内容。冷战时期，大国之间，尤其是超级大国之间开展军备竞赛，两大军事集团的对峙成了大国较量的主旋律。冷战结束后，经济全球化的趋势在不断发展，经济成为国际关系的重点，国际经济关系的重要性日显突出，国家间经济联系不断加强，各国都把发展经济、科技创新和提高综合国力放在首位，综合国力的竞赛成为大国较量的主要形式。

在全球化的驱使下，各国为拓展全球经济和贸易而开展广泛的经济合作。当今各主要国家都是力图维系和扩展经济合作的贸易国，而不是拼命争夺军事霸权的现实主义者。因为主要国家对贸易的关注，基于共同利益基础上的日益加强的合作将是国际社会未来发展的主要特点。① 当今的国家战略，归根到底在于国家的经济发展战略，经济安全已经成为国家安全的决定性因素，能否在世界经济中占有一席之地，直接决定着国家的命运和民族的前途。冷战后，无论是发达国家之间、发达国家与发展中国家之间，还是区域集团及集团内部各成员国之间的矛盾几乎均以经济为中心而展开，经济利益的最大化已成为各国对外战略的根本选择。②

再次，大国之间关系复杂，意识形态因素抗争相对减弱，以综合国力为主要内容的现实国家利益成为各自争夺的重点。冷战结束以来，世界上大国之间的关系已发生了重大变化，显现为既摩擦又合作，明显变得更为复杂。随着经济全球化的发展和世界科技进步的突飞猛进，冷战后的国际秩序正在发生深刻的变革。各大国都在根据新的情况制定新的战略和策略，力图在新的力量对比和国际格局调整的基础上，占据有利的位置。

---

① ［美］威廉·汉得森：《国际关系——世纪之交的冲突与合作》，海南出版社，2004年，第281页。

② 刘中民：《冷战后国际政治形势的特点》，《现代国际关系》1996年第5期。

值得注意的是，冷战结束后，虽然经济、科技因素在大国关系中的地位显著提高，意识形态等政治因素的作用相对减弱，但文化、安全特别是国家利益目标却成为相互争夺的重心。目前大国关系的特点是互相借重与互相竞争并存，各大国更注重综合国力的竞争。对国家利益的判断和追求始终驱动着一个国家的行为，可以用国家利益这个术语来概括国家的对外目标及其多样性。国家有不同的国力、不同的战略环境和不同的对外政策追求，对国家利益就会有不同的界定与追求。为了达到各自的目标，各国在国际社会中采用自认为合适的方式。而且，国家关系的性质和基础发生了改变，即从冷战时期简单地以意识形态为标准确定敌我关系，转变到以国家利益为出发点处理相互之间的复杂关系，大国关系最终要么走向结盟，要么走向对抗的传统模式受到冲击。在大国关系的调整中，出现了合作与竞争同在、矛盾与妥协并存的局面，世人面对的将是一个国际关系更加错综复杂的年代。国际关系中的朋友与敌人在概念上变得越来越难以辨别，越来越难于确定。各国都不得不重新对各自的国家利益和国家安全观的概念进行定义，以适应变迁中的现实。①

总体和平、总体缓和的国际局势和大国关系的良性互动，给韩国东北亚政策的调整提供了机遇，韩国积极推动与东北亚大国关系的发展，以增加韩国在东北亚地区外交中的回旋余地。与此同时，东北亚地区大国间斗争、合作与制约的基本格局并未改变，世界不稳定和不确定性因素明显增加，也使韩国的东北亚政策面临着挑战。

二、地区环境

冷战结束后，随着两极体制解体，两大阵营对抗不复存在，世界格

---

① 王绍章：《俄罗斯东北亚战略研究》，吉林大学博士学位论文，2004 年。

局向多极化发展，意识形态不再是划分敌友的唯一标准，这为东北亚地区国家的合作提供了良好的国际环境。东北亚地区是大国经济、政治利益的交汇处。日本、韩国是世界上经济发达的强国，中国是世界上最大、发展最快的发展中国家，俄罗斯是世界性的军事强国，其资源又集中在东部，加之美国在东北亚进行经济和军事力量的角逐，东北亚地区的大国关系纵横交错。冷战后，中、美、日、俄等大国关系在全球意义上进行了战略调整，这种调整自然也体现在东北亚区域环境中。东北亚地区国家紧跟世界潮流，在冷战结束后先后建立起多组合作伙伴关系。1992 年中韩实现了外交关系正常化，韩苏关系顺利过渡到韩俄关系，1994 年韩俄建立“建设性互助伙伴关系”，韩日间也努力建立新型的国家关系。与此同时，中美、中日、美俄等东北亚大国之间也都建立了不同层次的伙伴关系。但是，东北亚地区性的区域安全热点问题和领土纠纷却依然存在，东北亚是冷战体制在世界上最后的遗留地区，受冷战思维影响较重，朝鲜半岛延续着冷战时期被固定化的分裂状况，南北之间的军事对峙一直十分严重，用韩国前总统金泳三的话讲，是“冷战余烬未灭，随时可能燃起熊熊战火”。在朝鲜半岛临时军事分界线两侧至今仍陈兵百万，这里成为世界上军事力量部署密度最大的地区之一，南北关系因朝鲜发展核武器而变得尤为脆弱。另外，韩、日独岛（竹岛）主权之争，中、日钓鱼岛主权争端及关于东海大陆架划界的分歧等，短时间内难以消除。但是，维持地区政治与安全稳定符合各方的基本利益，东北亚地区国家间伙伴关系的建立与发展，无疑在一定程度上对可能出现的非和平态势有所抑制，有利于促进东北亚地区的和平与稳定。

尽管东北亚地区爆发军事冲突的危险性依然存在，区域安全合作机制也尚未形成，但各国均力求通过政治对话缓解相互间的不信任感。与此同时，随着经济全球化和区域经济集团化进程的加快，区域经济一体化已经成为不可逆转的潮流，世界各大洲和各地区相继成立了不同层次和不同形式的区域性经济集团。与世界其他许多地区相比，东北亚地区的区域合作仍处于较低水平，主要领域的合作没有取得根本性突破，深化合作还面临着许多挑战。但是，东北亚地区幅员辽阔、资源丰富、市场巨大，域内国家都有开展区域合作的需求。东北亚区域的经济总量占世界经济总量的1/5，中国和俄罗斯是世界性的大国，日本和韩国是世界上发达的国家，中国经济的发展势头不减，东北亚地区若实现了一体化，将与西欧、北美形成三足鼎立之势，可左右世界经济的发展。所以，早在20世纪就有学者提出，东北亚是21世纪的火车头。韩国要在东北亚地区发挥作用，必须重视和加强与东北亚各国的合作与协调。东北亚地区是世界上经济发展最具潜力的地区之一，也是差异性较大的地区，相互依存与竞争同在。即便如此，对韩国来说，冷战后东北亚地区的安全形势仍是历史上的最佳时期，东北亚区域合作的加强，为韩国更好地在该地区发挥作用提供了良好的机遇。

三、国内环境

任何国家要制定正确的外交政策，必须与本国的综合国力相适应。① 韩国位于亚洲大陆东北的朝鲜半岛南部，东、南、西三面环海。领土面积9.96万平方公里，约占中国领土的1/100，只相当于广东省的一半，人口约4800万，无论是从人口还是面积上来讲，韩国都是小国。然而，韩国抓住了良好的发展机遇，制定了有效的内外政策。从20世纪60年代开始，韩国政府作为经济开发的主导力量发挥着企业家群体的统帅作用，成功地推行以增长为主的经济政策，在其外向型经济发展过程中扮演着重要角色，韩国经济迅速崛起。70年代之后韩国走上发展经济的轨道，创造了举世闻名的“汉江奇迹”。80年代，韩国一改贫穷与落后的面貌，呈现出繁荣和富裕的景象。到冷战结束后的90年代

---

① 金正昆：《外交学》，中国人民大学出版社，2004年，第44页。

初，韩国经济发展在亚洲首屈一指，与香港地区、新加坡、台湾地区一并被誉为“亚洲四小龙”。韩国经济水平在亚洲国家中位于前列，经济增长速度居于世界前列，综合国力处于东北亚各国前列。

随着经济的发展，韩国国力不断增强。1987 年 6 月韩国发生了全国性的民主运动，国内的民主化逐渐得到改善，韩国政府开始全面顺应国民民主化的要求，国家的政治环境出现了根本变化。韩国从此开始结束军人统治，过渡到文人民主政权时代。1988 年汉城奥运会的成功举办，提高了韩国的国际地位，国民的自尊心、自信心随之高涨，韩国在国际社会中处理内外事务的自主性大大提升。随着韩国“北方外交”政策的顺利实施，冷战前后韩国改善了与苏联、中国等社会主义国家的关系。从金泳三政府时期的“四强协调外交”到金大中政府时期的“四强外交”，再到卢武铉政府时期的“东北亚均衡者”外交，韩国一直希望成为东北亚地区的中心国家，这为韩国开展全方位的东北亚外交创造了条件。

第三节　韩国东北亚政策的目标

外交目标在此是外交战略目标的简称。有时，它又被称为战略目标或外交意图。在整个外交战略中，外交目标是其核心内容。所谓“外交目标”，主要是指外交实体进行外交活动时，预定所要争取达到的，能够促使外交格局、外交事态发生于己有利变化的一系列外交努力的结果。在外交实践中，构成外交战略核心内容的外交目标又有总体外交目标与具体外交目标之分。总体外交目标亦称全局性外交目标，是指外交实体为实施外交战略而采取的全部外交努力所争取的最终结果。具体外交战略目标又称局部性外交目标，它是指外交实体为实施外交战略而采取的部分外交努力所争取的阶段性结果。二者之间存在着辩证的关系，总体外交目标大都由具体外交目标所构成，具体外交目标的实现则有助于总体外交目标的实现。[①] 对于韩国来讲，东北亚地区毫无疑问是具有重要的安保和经济利益的区域，战略意义重大。就外交目标而言，韩国实施东北亚政策的总体外交目标是：维持朝鲜半岛稳定，维持韩国安全，最终实现朝鲜半岛的统一；就具体外交战略目标而言，主要表现在以下几个方面：

一、体现韩国东北亚中心国家的地位

二战后，韩国经济飞速发展，近年来韩国的经济规模和经济实力正逐步赶上一些发达的老牌资本主义国家，在世界经济中的地位不断上升，这要求韩国应拥有与其经济实力相适应的国际地位和影响。冷战结束后，在东北亚地区，美、日、中、俄四边关系取代了原来的中、美、苏三角关系，韩国在政治、经济、安全和半岛统一等问题上都与四大国有着密不可分的联系。为此，韩国通过与东北亚国家间建立新型的国家关系，希图取得对东北亚乃至亚太地区事务的参与权。

在政治和安全领域，韩国奉行大国平衡外交，重视发展与美、日、中、俄四大国的关系。一方面，韩国坚持把韩美同盟作为其外交与安全政策的基础，在安全问题领域维系着韩、美、日协调一致的同盟安保体制；另一方面，近年来韩国也逐步向平衡各大国的方向调整外交政策，利用韩国所处的特殊地缘战略地位，在处理朝鲜半岛问题和东北亚区域问题时，发挥韩国的中介和调停作用，积极倡导、参与“六方会谈”，致力于朝核问题的和平解决。韩国在东北亚地区的地位和作用均有明显上升的趋势，正在成为东北亚地区一支不可忽视的力量。

---

① 金正昆：《外交学》，中国人民大学出版社，2004 年。

在经济领域，随着世界经济一体化趋势的不断加深，韩国通过参与并扩大与东北亚各国的经济合作，发挥其在东北亚地区的核心作用。2002 年金大中政府发表了“东北亚商业中心国家实现方案”，2003 年卢武铉总统阐述了要将韩国建设成为“东北亚中心国家”的宏伟目标，李明博总统也以“实用主义”为基础，强调了韩国在东北亚地区的作用和影响。韩美签署自由贸易协定后韩美经贸关系更加紧密，韩国为抢占东亚地区经济贸易协定的桥头堡，为实现“东北亚中心国家”的目标，正积极参与东北亚地区经济合作，积极推进区域一体化进程，这对韩国提高国际地位及其影响具有重要的作用。

二、加强韩国在半岛事务中的主导权

朝鲜半岛是东北亚的腹心之地，大国间错综复杂的矛盾和利益在很大程度上决定着半岛局势的未来走向。韩国以其自身的力量显然无法与任何一个大国相抗衡，如何最大限度地发挥韩国在半岛事务中的主导权，一直成为韩国外交的重要目标。①

冷战后韩国推行对朝“接触”政策，从金大中政府的“阳光政策”到卢武铉执政时期的“和平繁荣政策”，朝鲜半岛南北双方实现了两次首脑会晤，并取得了一系列成果。尽管如此，朝鲜半岛局势依然一波三折。李明博政府时期，由于对朝鲜实行了强硬政策，南北关系出现了严重倒退，半岛局势没有得到根本缓和，构成了东北亚地区安全的重大隐患。同时，朝鲜半岛的和平、稳定、统一等问题与周边大国也有着密不可分的联系，各大国对朝鲜半岛的角逐和利益碰撞是导致半岛局面复杂的重要因素。有关各方都密切关注朝鲜半岛局势的变化，近年来中国、俄罗斯、美国、日本等半岛周边国家，从维护本国和地区安全及促进区

---

① 李玉华：《韩国：小国大外交》，《当代世界》2005 年第 12 期。

域经济合作与发展的愿望出发，都主张以对话、和平方式解决问题，希望半岛双方达成和平协定，以确保朝鲜半岛实现长期的和平与稳定。为最大限度地维护国家利益，也为自身发展赢得和平的地区环境，韩国积极调整对美、日、中、俄四国的外交政策，凸显其在东北亚地区的作用，加强韩国在朝鲜半岛事务中的主导权。

三、改善外交及安全环境

自朝鲜战争结束以来，韩国一直面临着严重的安全困境。冷战结束后，世界许多地区的安全形势大为改观，和平与发展成为时代潮流。但是，朝鲜半岛的紧张局势并未因此而得到根本改善，冷战思维依然在该地区发挥着重要影响，南北间政治军事上仍持严重敌对状态。为确保东北亚地区的安全与稳定，韩国积极倡导建立东北亚多边安全合作机制，提出了建立东北亚多边安全机制的四原则：（1）东北亚的任何多边安全论坛不应削弱本地区现存的双边关系，也就是说，多边安全必须完善韩美之间的军事同盟关系而不能与之对立；（2）在推动多边安全论坛时，应强调分步骤行动，首先应努力增加信任，培养相互磋商和合作的习惯；（3）除了政府间的联系外，还应促进非官方渠道的安全对话，后者可以比官方论坛更加坦率和自由地讨论安全问题；（4）多边论坛应尽可能让所有地区成员加入。尤其是朝鲜核危机爆发以来，朝核问题不仅关系到韩国的安全、朝鲜半岛局势的走向，也成为威胁东北亚地区和平与稳定的又一因素。对韩国来讲，只有保持周边国家的力量大体平衡，半岛的安全才有保证。韩国与美、日、中、俄四大国通力合作，协调大国之间关系的发展，是确保朝鲜半岛及东北亚地区和平、繁荣与稳定的基础。

四、寻求经济合作，加快经济发展

韩国经济从20世纪60年代中期开始得到迅速发展，经过20多年的努力，韩国进入新兴工业化国家的行列，自90年代开始向发达国家进军。但是，从朝鲜战争结束到80年代，韩国的主要经济合作对象一直是美日两国，韩国所建立的是一种依附于美国和日本的外向型经济。美国是其最大的出口市场，日本是其最大的进口来源国，韩国引进的技术和外资也主要来自美日两国。因此，在短短的几十年里，韩国经济虽然取得了很大成就，但也存在一些问题。随着韩国经济起飞的完成，它同美日两国在技术、市场、资金等方面的冲突逐渐产生并扩大起来。20世纪90年代以来，随着世界经济格局的不断变化，经济区域化和全球化的发展趋势逐步加快，东北亚区域合作也随之发展。为此，韩国逐渐改变过分依赖美日的经贸结构，积极寻求新的经贸合作伙伴，实现出口市场、进口来源和技术引进的多渠道化，并加快对外投资的步伐。韩国大力推动并积极参与东北亚区域经济合作，实行向东北亚各国的政策倾斜，尤其注意加强和扩大同中俄两国的经贸关系和技术交流与合作，以推动韩国经济的快速发展。

第四节　韩国东北亚政策的制约因素

一、地缘政治因素

地缘政治密切影响着各个国家的外交。“地缘政治是确定国家利益的一种有效方法，对理解国家的外交战略和外交政策是有很大帮助的。”[①] 关于地缘政治，国内外有以下几种定义：根据《简明大不列颠百科全书》上所做的解释，地缘政治是“关于国际政治中地理位置对各国政治相互关系如何发生影响的分析研究。地缘政治指出某些因素对决定国家政策的重要性，诸如在获得国家利益、控制海上交通线、据有战略要地等”。[②] 根据《布莱克维尔政治学百科全书》上的解释，地缘政治学是“为认识国家力量的地理原理而将国家当做三维空间现象所进行的研究，它在考察国家行为时以这样的特性为背景材料：如疆域、气候、有机和无机资源、地理位置以及人文特性，又如人口分布、文化属性、经济活动和政治结构等。每一个国家都被看成世界政治空间中的组成部分，由此而产生的国际关系模式构成它的关键性成分。地缘政治学用整体论的研究方法，其目的是把不同的现象结合起来，并将它们看做一个整体而加以描述和解释”。[③] 根据《中国大百科全书（地理卷）》中所做的解释：“地缘政治学是政治地理学的一个组成部分，它根据各种地理要素和政治格局的地域形式，分析和预测世界地区范围的战略形势和有关国家的政治行为，地缘政治学把地缘因素视为影响甚至决定国家政治行为的一个基本因素，这种观点为国家关系所吸收，对国家的政治决定有相当的影响。”[④] 地缘政治的一个显著特点是，往往将一个国家所采取的国际政治活动，与其周边国家或地区相联系。各个国家的外交活动，自然直接或间接地出于其地缘政治考虑。[⑤] 各国在制定外交战略、追求国际利益的过程中，都十分重视地缘战略因素的影响。

朝鲜半岛位于东北亚地区的核心地带，这种独特的地理位置，决定

---

① 叶自成：《地缘政治与中国外交》，北京出版社，1998 年，第 3 页。

② 《简明不列颠百科全书》，中国大百科全书出版社，1988 年，第 596 页。

③ 《布莱克维尔政治学百科全书》，中国政法大学出版社，1992 年，第 290—291 页。

④ 《中国大百科全书（地理卷）》，中国大百科全书出版社，1990 年，第 118 页。

⑤ 金正昆：《外交学》，中国人民大学出版社，2004 年，第 46 页。

了它在东北亚地缘政治格局中具有不可替代的重要战略地位。从地缘角度来看，朝鲜半岛北部与中国交界，东北部与俄罗斯接壤，东南隔朝鲜海峡与日本遥遥相望，南濒太平洋，西面与中国大陆隔海相望，是东北亚地区重要的战略要冲，具有极为重要而特殊的战略地位，素有“亚洲的巴尔干半岛”之称。[①] 这种位于大陆边缘和几个大国之间的地理位置，使其具有边缘国、桥梁国、缓冲国的地缘战略意义。美国地缘政治学者斯皮克曼的大陆边缘学说认为：欧亚大陆周边与海洋交界的边缘地带，是围绕大陆并沟通大陆与海洋联系的纽带，在对陆权与海权的争夺中，具有缓冲区和桥梁区的战略作用；谁控制了欧亚大陆的边缘地带，谁就割断了欧亚大陆心脏地区与海洋的联系，从而足以控制欧亚大陆；谁控制了欧亚大陆，谁就可以控制世界。[②] 朝鲜半岛无疑处于这一边缘地带，是东北亚地缘政治格局的支轴，因此具有十分重要的战略价值。

一国的地理位置与自然环境很少发生改变，具有很大的稳定性，因此地缘政治是影响一个国家对外战略的最重要的因素。各国的外交实践也表明，任何一个国家对外战略的制定，都不得不考虑它的邻国，都必然把周边国家的形势作为制定对外战略的一个重要依据。韩国位于朝鲜半岛南部，由于南北分裂对抗，其同大陆的通道隔绝，事实上已成为一个岛屿，正好处在美、日、中、俄四大国的夹缝中。这种特殊的地缘政治环境在相当大程度上决定了韩国国家战略和外交政策的选择：冷战时期，朝鲜半岛是美、日、苏、中四大国利益的交汇处，是东西方之间对峙的缩影，韩国的东北亚政策是以对美“一边倒”为指导，依靠大国寻求保护。“地缘政治使韩国成为美国抗苏反共的前线国家，并以此为

---

① ［韩］金大中：《建设和平与民主（中译本）》，世界知识出版社，1991 年，第 173 页。

② ［美］哈罗德·布朗：《美国未来 20 年的对外战略》，时事出版社，1986 年，第 138 页。

代价换来了自身的安全保障和经济发展。”[①] 冷战结束后，朝鲜半岛仍是几个大国力量的缓冲地带，是观察东北亚及亚太地区政治、军事形势的晴雨表，朝鲜半岛的局势极大地关系到几个大国的利益和政策。因此，冷战后韩国的东北亚政策主要是在保持韩美同盟关系的基础上，重视发展同美、日、中、俄四大国的关系，同时与它们保持一定的距离，使其相互牵制，从而达到某种力量的均衡，为韩国自身利益服务。

二、经济因素

在各国之间所进行的外交活动中，经济因素一直占据着极其重要的位置。不仅如此，在正常情况下，经济还是各国开展外交活动的主流之所在。也就是说，目前各国所从事的外交活动，一般主要是服从于本国的经济利益，并且是为其服务的。[②]

韩国经济的一大特点是以进出口贸易为主导的外向型增长模式，出口贸易和对外投资是韩国经济增长的主要动力，因此其对外经济关系尤为重要。1997 年亚洲金融危机以后，为重振韩国经济活力，实现经济的“第二次腾飞”，确保其在东北亚经济中的“主导”地位，韩国积极参与东北亚区域内的经济合作。就对外经贸合作而言，韩美双方一直都互为重要的贸易伙伴，韩国将继续积极拓展同美国的经济协作渠道。同时，韩国产品的多样化、高精化，产业结构的升级不仅需要不断进行技术开发、拓展新的产业领域及更新生产设备，而且还需要大量的投资。因此，虽然韩国与日本存在着历史纠葛和领土争端，但其也认识到，同拥有更为高、精、尖的科学技术和先进的生产设备，并且已成为世界经济强国的日本改善、深化经济合作是必不可少的。自 2003 年以来，中

① 高连福：《东北亚国家的对外战略》，社会科学文献出版社，2002 年，第 331 页。

② 金正昆：《外交学》，中国人民大学出版社，2004 年，第 54 页。

国取代美国成为韩国最大的贸易伙伴，中韩两国的经济往来日益密切，经济依存度越来越高，中韩经济的结构性差别为双方经济关系的发展提供了巨大的合作空间。随着中国经济的发展和国际地位的提升，韩国企业界也非常希望借助中国经济增长的强劲势头，带动韩国经济再展雄姿。此外，韩国还将在西部大开发项目中与中国积极开展合作，这势必对韩国的东北亚政策产生深刻的影响。

目前，中国、美国、日本是韩国第一、第二、第三位的贸易伙伴。与此同时，为确保韩国经济运行安全，近年来韩国重视能源外交，选择以俄罗斯东西伯利亚为突破口，在动力、能源等领域加强同俄罗斯的合作，韩俄经贸合作发展平稳，经济关系不断升温。随着两国经贸环境的改善，加上经济互补性不断增强，韩俄两国的经贸交往必将呈现进一步扩大趋势。这种以发展经济为核心的外交理念，要求韩国在东北亚地区实行主动、积极、多边、均衡的外交政策，促使韩国与美、中、日、俄建立新型的双边关系。

三、军事因素

军事实力是一个国家外交政策的后盾，每个主权国家都对本国军事实力的强弱给予高度的重视。在力所能及的条件下，军事实力的增强通常会被各国置于优先考虑的问题之列。这是因为，在一个国家的综合国力中，军事实力的地位永远都是不能被忽视或替代的。就一国的外交活动而论，其目标的大小、范围的宽窄、能力的高低、影响的强弱等等，都必须凭借本国的实力，尤其是本国的军事实力。①

韩国军队是在美国的直接扶持下建立起来的，并依靠美军的支持

① 金正昆：《外交学》，中国人民大学出版社，2004年，第50页。

实现与朝鲜的军事抗衡。长期以来，韩国都奉行依靠美国提供国家安全保护的国家安全战略，使其国家安全有了较为可靠的保障，但是这种安全战略使韩国在军事上对美存在严重的依赖性。20 世纪 90 年代以后，随着世界政治格局的变化及韩国综合国力的不断增强，韩国在继续维持韩美联合防卫体制的同时，开始谋求在韩美军事同盟中发挥更大的作用。韩国逐步收回了对朝平时作战指挥权，并大力加强自身武装力量的科学化和现代化。与此同时，韩国还积极发展同其他国家的军事合作，以此作为“自主国防”的有力补充。韩国现有总兵力约 68.1 万人，其中陆军 55 万人、海军 6.7 万人、空军 6.4 万人。韩国的安全形势有所改善，在政治和外交领域越来越体现出独立性和自主性。但是由于历史的原因，韩国至今仍是亚太强国中唯一一个没有独立作战指挥权的国家，加之南北对抗依然存在，安全因素一直困扰着韩国外交，维护国家安全将是韩国长期对外政策的基础。韩国在军事上仍然需要美国的支持，支持美国继续在韩国保持一定的军事存在，并提高驻韩美军的战斗力，在朝鲜半岛南北方实现统一之前，驻韩美军仍然是有效确保韩国安全的现实选择。同时，继续保留驻韩美军也是美国亚太安全总体战略的一种直接体现。因此，冷战后韩国虽然在东北亚地区积极谋求平衡外交，但是仍将韩美同盟作为其外交政策的“基轴”。

四、国际政治环境因素

任何政策活动都离不开一定的国际政治环境。不论是格局转变、结构调整、政局变化、形势动荡还是其他因素的变动，都将对政策制定的依据条件和政策实施的环境构成影响。因此，制定政策时必须详细研析国际政治环境。在政策实施过程中，也必须注意国际政治环境的演变，以便及时修正和调整政策，使其适应现实环境。[①] 国际政治环境直接影响到各国的外交，一个国家即使是在与另外一个国家开展双边外交时，也绝对不能对其他国家的反应不闻不问，不能不顾及全球政治过去、现在和未来对其所产生的牵制与影响。[②]

国际形势是国际政治环境中变化性最强的因素，它总是处在风云变幻之中，有时甚至是瞬息万变，因而也是一个较难把握的因素。在根据国际形势制定和实施政策时，必须及时跟踪观察国际形势的新特点、新态势、新因素、新趋势，这样才能因“势”制宜，进行科学决策，并及时做出政策调整。与此同时，在观察分析国际形势时，要注意当时形势的特点和趋势、各种国际力量的动向、当前主要国家之间的关系、重大国际事件及其对本国的影响等。[③] 在国家对外战略中，战略原则的选择得当与否，对国家对外战略的目标能否成功实现起着重要的作用。正是对外战略原则把对外战略的各个单独要素有机地联系起来，按照其所规定的运行方式有计划地实现和维护本国的国家利益。在各国对外战略的实践中，战略原则主要包括军事原则、地缘政治原则、联盟原则、不结盟原则、独立自主原则等。但不管一国的对外战略采取什么样的原则，都离不开国际环境的影响。[④]

随着苏联解体与冷战结束，美苏主导的两极格局随之瓦解，世界地缘政治格局大为改观。中、美、日、俄四边关系取代中、美、苏大三角在东北亚和亚太地区发挥越来越明显的作用，中、美、日、俄四大国关系处于调整之中，既有合作也有摩擦，既有对话也有矛盾，这给处于大国力量旋涡中心的韩国带来了机遇和挑战。因此，韩国对美“一边倒”的外交政策已不再适应冷战后东北亚地区新的地缘政治环境，为了摆脱

---

① 韩健鹏：《试论政策的国际政治环境》，《黑龙江科学》1996 年第 2 期。
② 金正昆：《外交学》，中国人民大学出版社，2004 年，第 7 页。
③ 韩健鹏：《试论政策的国际政治环境》，《黑龙江科学》1996 年第 2 期。
④ 冯江源、刘月华：《冷战后国际环境及其历史性变革》，《学术探索》2003 年第 12 期。

外交上的困境，适应和平与发展的时代主题，争取较为有利的国际环境以发展本国经济和提高综合国力，韩国开始重新调整其外交政策。韩国认为，在冷战后的东北亚战略版图上，美、俄的力量相对下降，中、日的影响呈上升趋势。韩国要确保自身的安全，不能消极地依赖美韩安全同盟，而应奉行与中、日、俄全方位的综合安全外交，以防止任何国家或国家集团威胁朝鲜半岛的统一进程，并通过在这些国家之间扮演调解人的角色促进地区和平与稳定。[①] 在东北亚地区，韩国外交由对美“一边倒”过渡到平衡对待各大国的相对独立自主时期。冷战后，韩国历届政府都重视处理好与美、日、中、俄四大国的关系，在同各国的关系发展中寻找平衡点，最大限度地改善周边环境，维护自身安全。

① 汪伟民：《联盟理论与美国的联盟战略》，世界知识出版社，2007 年，第 231 页。

第二章

韩国对美政策与韩美关系

韩美同盟关系是韩国对外关系的基轴，韩美两国在东北亚地区的政策及相互关系不仅是韩国的东北亚政策，而且是韩国外交政策的基础。从地理位置上讲，美国并不是一个东北亚国家。但是，由于美国与韩国及日本之间建立了双边军事同盟关系，美国在东北亚地区有重要的影响力。冷战时期，韩国与美国结成军事联盟，美国出于战略上的需要，大力支援韩国；而韩国也从自身的需要出发，在政治、经济方面对美“一边倒”，积极配合美国的东亚政策。冷战结束后，国际关系进入了新的发展时期。面对东北亚国际秩序的变化，韩国通过重新调整传统的韩美同盟关系，开始积极寻求由自己勾画东北亚国际秩序的蓝图。与此同时，韩美同盟在发展过程中也存在着不少分歧和矛盾，韩美关系开始了调整与发展的进程。

第一节　冷战时期韩国“一边倒”的对美政策

1945 年 9 月 8 日，美军首次在仁川登陆，开始了韩美关系史上的新时期，直到大韩民国政府成立为止，韩国一直处于美军政当局的直接统治之下。1948 年 8 月，朝鲜半岛的南方成立了大韩民国；同年 9 月，北方成立了朝鲜民主主义人民共和国。由美国扶植起来的李承晚政府，其对外战略就是通过外交努力，最大限度地争取美国的援助，因此实行对美国“一边倒”的政策，处处追随美国。①

然而，二战结束后，美国政府内部对于朝鲜半岛的战略重要性问题产生过严重的意见分歧。美国国务院的官员们从两大阵营对抗的现实出发，认为“韩国犹如东西方在远东争夺势力和影响的缩影，象征着莫斯科与华盛顿之间的制度竞赛，因此无论韩国在军事上有无价值，在政治上对非共产主义的韩国的支持都是十分重要的”。② 而另一方面，参谋长联席会议和麦克阿瑟虽然都希望阻止共产党控制朝鲜半岛，但他们却坚持认为，从军事安全的观点来看，美国在朝鲜半岛保留军队或军事基地并没有什么战略价值，而且一旦东亚发生大规模战争，驻守在那里的美军很有可能只会是一种负担，他们建议将尚留在朝鲜半岛的 4.5 万名美军尽早调往诸如欧洲等更重要的地方，并指出目前是美军从朝鲜半岛撤出的最有利时机，它不会削弱美国在远东的军事地位，倘若日后被迫撤出，那将严重损害美国的声誉。他们还进一步强调，美国在防止诸如日本、冲绳、台湾地区以及菲律宾等重要沿海岛屿落入敌对力量之手的同时，应当努力减少对亚洲大陆的军事义务。③ 因此，美国对于新建立的大韩民国不仅没有提供充分的军事援助，而且还撤走了驻韩美军。驻韩美军自 1948 年 9 月 15 日开始撤离，到 1949 年 5 月 28 日除了 500 余人的军事顾问团之外，还完成了 4.5 万人的撤军。④ 1950 年 1 月 12 日，

① 路宝春：《论韩美关系的发展》，《东北亚论坛》1997 年第 2 期。

② The U. S. Department of State, ed. Foreign Relations of the United States, Diplomatic Paper (FRUS), Washington, D. C.: Government Printing Office, 1948. 784. 785.

③ Burton I. Kaufman, *The Korean War*, New York, 1986. 17.

④ ［韩］崔东熙：《冷战后的韩国外交政策》，社会文化研究所，1998 年，第 106 页。

国务卿艾奇逊发表了著名的“西太平洋环形防线”的讲话。他宣布，美国在太平洋需要守住的是一条环形防线，这条防线从阿留申群岛开始到日本列岛，然后通过琉球群岛（冲绳）延至菲律宾。这样一来，从军事上说，朝鲜半岛在美国远东安全格局中就显得无足轻重了，这种情况一直持续到朝鲜战争爆发。

1949 年 10 月 1 日，中华人民共和国成立，社会主义阵营的力量大增，使得美国感受到共产主义对于亚太地区的“威胁”。1950 年 6 月朝鲜战争爆发，中国和以美国为首的 16 个国家的联合部队直接介入其中，揭开了东北亚地区意识形态对立和军事对抗的序幕。美国认为如不迅速调整政策，整个东亚就会落入共产主义的势力范围，因此美国领导人断定，朝鲜战争是“由苏联发动、支持和怂恿”的对韩国的进攻，“非用武力不能加以制止”。[①] 在朝鲜战争爆发后次日举行的第一次高级会议上，美国决策者一致认为：“目前要想制止战争或世界其他地方的新的行动，唯一的办法是采取坚决的行动。”[②] 为此，美国纠集了 15 个国家的兵力，动用了 1/3 的陆军、1/2 的海军和 1/5 的空军，并以支出 200 亿美元战费的代价，与中朝进行了一场大规模战争。美国对韩国的政策出现了明显调整，韩国在美国东亚战略上的地位也因此明显提升。1951 年 1 月 4 日，国务院顾问杜勒斯在就美国拟定的《太平洋公约草案》发表意见时说，美国在太平洋地区的防务范围应该是日本—琉球群岛—台湾—菲律宾—澳大利亚这条“近海岛屿链”。这条线显然超出了艾奇逊 1950 年 1 月提出的美国防务范围。

此外，美国还对韩国进行经济援助，主要有“战时紧急救济计划”（1949—1953 年，总额为 2.2 亿美元）和“韩国民间救济计划”（1950—1956 年，总额为 4.5 亿美元），这些援助中 90% 以上的金额由

---

① 《艾奇逊回忆录（上）》，上海译文出版社，1977 年，第 265 页。
② 《杜鲁门回忆录（第二卷）》，三联书店，1974 年，第 403 页。

美国来承担。正是美国对韩国的经济援助使韩国避免了经济崩溃，保存了李承晚政府，并以其作为进行这场战争的工具。[①]

朝鲜战争是韩美关系史上的重要转折，也是促使美国与韩国成为军事同盟的主要原因。美国为此付出了沉重的代价，虽其最终未赢得这场战争，但战争的结果却使它在“三八线”以南扶植了一个反苏、反共、反中国的政权，并与其结成了新的东亚军事盟友，将美国在远东的战略遏制防御线由日本推向了朝鲜半岛。对于韩国来讲，朝鲜战争迅速提升了其在美国亚洲战略中的地位，得到了美国直接的军事保护，美国则千方百计地将自己的价值体系移植到韩国，使韩国成为东北亚地区冷战格局的焦点，成为西方资本主义阵营对抗东方社会主义阵营的桥头堡。而韩美关系成为韩国立国和外交的基石，韩国政府奉行向美国“一边倒”的外交政策，以对付所谓的“来自与中苏结盟的朝鲜的可能的威胁”。[②]为抵制来自朝鲜的政治、军事威胁，韩国在军事、经济、政治和外交上全面依赖美国。

一、军事上与美国结成军事同盟，获得安全保障和军事援助

高金钿在《国际战略学概论》一书中指出，“安全因素是同盟战略产生的最初和最主要的动机”。[③] 冷战期间，韩国对外政策最主要的目标是维护国家的安全。作为一个弱小国家，处在以周边大国利益交汇的缓冲地带，韩国唯一的政策选择就是全面而坚定地依赖美国。朝鲜战争结束后，韩国与美国结成军事同盟，获得安全保障和军事援助。

美韩同盟关系是冷战的产物，所谓“共产主义的威胁”是它产生和发展的基础，而朝鲜战争也是促使美国与韩国成为军事同盟的主要原

① 王春霞：《论美国对朝鲜战争政策的演变》，《兵团教育学院学报》1997 年第 4 期。
② 高连福：《东北亚国家对外战略》，社会科学文献出版社，2002 年，第 334 页。
③ 高金钿：《国际战略学概论》，国防大学出版社，1995 年，第 141 页。

因。1953 年 10 月，韩国与美国签订了《韩美相互防卫条约》，该条约于 1954 年 11 月 17 日正式生效。条约第四条明确规定：“大韩民国给予美利坚合众国在双方商定的大韩民国领土以内及其周围布置美国陆、空、海部队的权利，同时美利坚合众国接受这项权利。”① 该条约的签署，标志着韩美之间结成了同盟关系，它是韩国所有外交活动的基础。1954 年 11 月签订的《关于继续进行军事及经济合作的协议》进一步规定：“联合国军司令部在担当韩国防御责任期间，大韩民国武装力量被置于联合国军司令部的作战控制权之下。”② 根据这一系列条约，美国在韩国拥有军事指挥权和军事基地，韩国军队的作战指挥权归由美国控制的联合国军司令部掌握，这使美国全权掌管韩国的军事大权，合法地维持其在朝鲜半岛南部的驻军，获得了抗衡苏联、制约中国的军事桥头堡，而韩国得到了美国的军事保护。③

为了履行条约义务，美国在韩国驻留了一支数量不小的军队和大批武器，负责韩国的安全保障。1955 年 2 月 25 日，美国新的对韩政策 NSC5514 号文件出台。该文件内容包括扩展美国对韩军事援助的范围，增强对韩军事援助的力度；扩大对韩经济援助的目标，并确定韩国军事发展优先于经济力量发展的原则。④ 该政策一直影响着美国对韩援助政策。到 1960 年，美国对韩国的直接军事援助占韩国总军费的 60%，间接军事援助占 20%，可见韩国的国家安全保障很大程度上依靠美国的援助。⑤

进入 20 世纪 60 年代，美国深陷越南战争，对韩国的军事援助幅度

① 《国际条约集（1953—1955）》，世界知识出版社，1960 年，第 632 页。

② 原文如下：“Retain Republic of Korea forces under the operational control of the United Nations Command white that command has responsibilities for the defense of the Republic of Korea，unless after consultation it is agreed that our mutual and individual interest would best be served by a change……”

③ 高连福：《东北亚国家对外战略》，社会科学文献出版社，2002 年，第 335 页。

④ 梁志：《论艾森豪威尔政府对韩国的援助政策》，《美国研究》2001 年第 4 期。

⑤ 张慧智：《大国关系中的朝鲜半岛》，吉林大学出版社，2003 年，第 212 页。

缩减，并商讨裁减在韩驻军。1961 年 11 月，朴正熙在军事政变后访美，主动提出要为美国出兵越南。韩国参加越南战争，不仅实现了美国在韩驻军不裁军的目标，还大幅度提高了韩国军队的现代化水平。1961 年美国的军事援助占韩国国防费用的 95%，1962 年也达到 76%。据统计，在 1961—1965 年间，韩国从美国获得的无偿军事援助项目（Military Assistance Program，MAP）每年约 1.37 亿美元，而在参战的 1966—1973 年间，这一数字上升到 1.77 亿美元。[①] 由于美国的大量援助，韩国的军事实力突飞猛进，到 1968 年为止韩国的军队总人数已达 62 万，其中包括陆军 55 万、海军 1.7 万、海军陆战队 3 万、空军 2.3 万，并配有 195 架新型战斗机。[②] 据统计，1953—1969 年间，美国在军事装备、军火供应、后勤服务等方面共援韩 3 亿多美元，占美对东亚援助总额的 27%。[③] 而韩国用于军队建设的投入却很有限，以 20 世纪 60 年代为例，韩国国防费用仅占其国民生产总值的不足 4%。[④] 可见，韩国军队和国防开支几乎完全是依靠美国援助维持的。

20 世纪 60 年代以后，随着经济的发展，韩国政府在对美关系上要求越来越多的主权。1966 年 7 月两国政府签署了《韩美驻军地位协定》，韩国掌握了相对多的主权。这一时期，韩国政府对美国的发言权逐渐增强，美国对韩国的援助逐渐减少。1969 年美国对韩国的军事援助占韩国总军费的比重降到 50% 以下，此后逐渐减少，到 1974 年只有 10%，1978 年以后韩国军费开支完全由自己解决。[⑤]

---

① 董向荣：《美国对韩国的援助政策：缘起、演进与结果》，《世界历史》2004 年第 6 期。

② 陈峰君、王传剑：《亚太大国与朝鲜半岛》，北京大学出版社，2002 年，第 67 页。

③ ［美］史德·霍姆：《同第三世界的武器交易》，国际和平研究所，1977 年，第 146—147 页。

④ Jun-Sup lee, Uk Heo, *The U. S. -South Korea Alliance*: *Free-Riding or Bargaining*, Asian Suxvey, September/October, 2001.

⑤ 张慧智：《大国关系中的朝鲜半岛》，吉林大学出版社，2003 年，第 212 页。

二、经济上依赖美国，实现经济恢复和社会发展

韩国对美国的依赖表现出一种明显的双重依赖，这种依赖不仅仅体现在安全领域，还体现于经济领域和外交领域。经历了第二次世界大战和朝鲜战争，韩国原本就落后的经济百废待兴。朝鲜战争结束后，韩国经济进入了恢复期，美国先后同韩国签订了《美韩经济援助计划协定》《美韩剩余农产品协定》等，向韩国提供多种经济援助项目，扶持其经济发展，美国对韩国的经济援助一直持续到20世纪70年代中期。

1953—1960年，韩国主要依靠美国的援助恢复和发展经济，且一直接受美国大量的经济、军事援助，成为美国在东亚地区的主要受援国之一。据统计，1953—1961年间，美国提供的经济援助达25.792亿美元，在当时的韩国经济中占据相当大的比重。这样大量的“输血”，为启动长期处于停滞状态的韩国经济提供了极大的动力。1956年韩国基本上完成了重建任务，当年的生产和消费总体均已达到或超过1949—1950年的水平。[①] 1953—1961年间，韩国经济的年增长率为5.1%，其中工业产值年均增长率为10.8%，恶性通货膨胀受到抑制，产业结构得到一定调整。[②] 由此可见，20世纪四五十年代，韩国主要依赖美国提供的大量经济援助实现了战后的经济恢复，为韩国后来的经济快速增长奠定了基础。可以说，这主要是由于美国对韩国空前的经济援助推动了韩国的重建进程。

此外，在技术上韩国长期依赖美国。韩国政府一直把引进技术视为至关重要的方面，其在经济开发中从美国引进了大量的先进技术。在20世纪60年代的工业化过程中，通过对引进技术的消化、吸收和创

---

① 梁志：《论艾森豪威尔政府对韩国的援助政策》，《美国研究》2001年第4期。

② 李冉：《从美国对韩经济援助看美韩同盟关系》，《南通纺织职业技术学院学报（综合版）》2006年第1期。

新，韩国国内产业结构调整加快，促进了工业的发展。与此同时，美国对韩国的经济援助逐渐减少，代之以贸易援助和经济优惠政策，帮助韩国实现经济自立。美国不仅是韩国主要的资金和技术供应国，而且是韩国产品的第一市场。1965 年韩日建交以前，美国一直是韩国最大的贸易伙伴，在进口韩国商品问题上给予了一系列优惠政策，1962 年韩国对美国出口额为 1200 万美元，1971 年达到 5. 32 亿美元，每年平均增长率高达 57% 左右。① 在美国的援助下，到 1961—1965 年第一个五年计划完成时，韩国的人均国民生产总值增长了 29%，工业产值翻了一番，出口额由 3000 万美元增至 3. 5 亿美元，外汇储备也从 1. 46 亿美元猛增到 3. 65 亿美元。② 1965 年以后，韩国经济进入高速增长的轨道。

毫无疑问，朝鲜战争后美国的援助对韩国的经济恢复和基础设施建设起了积极作用，这在一定程度上为其后来的经济增长奠定了基础。对此，一位美国观察家曾明确指出，“把韩国的军事壮大和经济成功归功于美国，完全恰如其分”。③ 美国在韩国的存在已具有举足轻重的意义，与美国结盟也无疑成为整个韩国政治的“基轴”。

三、政治和外交上对美“一边倒”，唯美是从

冷战时期美国与苏联间的意识形态对立形成了以美国为中心的资本主义阵营的共同利益和以苏联为中心的社会主义阵营的共同利益。在这一时期，美国以强大的军事、经济力量为后盾，在全世界范围内反对共产主义，对社会主义进行遏制，妄图称霸世界。美国出于战略上的需

---

① 李冉：《从美国对韩经济援助看美韩同盟关系》，《南通纺织职业技术学院学报（综合版）》2006 年第 1 期。

② 王传剑：《双重规制——冷战后美国的朝鲜半岛政策》，世界知识出版社，2003 年，第 229 页。

③ ［美］尼福 · 法利莱：《韩国资料手册》，政府出版社，1975 年，第 350 页。

要，大力支援韩国，其在东北亚需要韩国这个“马前卒”，以抵御“北方共产主义势力南下”；而韩国也从自身的需要出发，积极配合美国的东亚政策。建国之初，李承晚就表示：“我们决不相信我们能够同共产主义共处，美国派军队到这里是来保卫我们的。”① 此后，在东北亚地区长达近半个世纪的冷战格局下，韩国政府一直奉行向美国“一边倒”的外交政策，对苏联、中国等社会主义国家持明显的敌对政策，把共产主义视为敌人，防范来自朝鲜的威胁。

韩国为了得到美国的安全庇护，奉行对美“一边倒”政策，在外交上追随美国，尤其是应美国要求派兵参加越南战争。1965 年，韩国向越南派出了第一支作战部队——“老虎师团”，1966 年又派出了“白马师团”赴越作战。在整个越南战争期间，韩国先后向越南派出 5 万多人的部队支持美国。美国则为韩国提供现代化军事装备，负担韩国军队赴越作战的一切费用，提供各种援助，并从韩国购买越战所需的军用、民用物资等，韩国由此得到 15 亿美元的好处。② 越南战争使美韩之间的“血盟关系”得到深刻的体现。

韩国不仅积极支持和配合美国的反共政策，而且在美国的要求下，与侵略和奴役过自己的日本建立外交关系，结成韩美日军事同盟。在东北亚地区，日本是美国最主要的盟国，也是美国在亚太驻军的重要基地，美国出于冷战的需要，力促韩日和解。但在 20 世纪 50 年代末以前，李承晚一直亲自掌管外交，他对扩展对外关系不感兴趣，情愿将韩国的对外关系集中于美国，并且固有的仇日情绪也使他始终不肯妥协。朴正熙上台后，在对外政策上积极迎合美国的意志，紧紧追随美国。为发展韩国经济，扩大资金来源，朴正熙在美国的撮合下改善与日本的关系，并最终促成韩日两国于 1965 年实现了关系正常化，但韩国朝野始

① 赛·利·苏兹贝格：《七大洲风云四十年（上）》，天津人民出版社，1979 年，第 295 页。

② 任晓：《韩国经济发展的政治分析》，上海人民出版社，1995 年，第 24 页。

终对与侵略过自己的日本建立外交关系心存疑虑。韩日建交虽然为韩国带来了巨大的经济利益，但却不能否认朴正熙有迎合美国意愿和拉近与美国的军事关系等战略利益方面的考虑。至此，东北亚地区形成中苏朝“北方三角关系”和美日韩“南方三角同盟”对峙的局面。

与此同时，美国东亚政策的改变也是影响韩国东北亚外交政策的重要外部因素。20 世纪 70 年代初，美苏关系缓和及“尼克松主义”的出台，使东北亚地区的形势发生了变化，以美国霸权主义走向衰落为标志，东西方关系出现“缓和”，随后出现了尼克松的中国之行（1972 年 2 月）和中美两国的相互接近。美苏关系缓和及中美关系改善使韩国有必要改变既定的外交政策，20 世纪七八十年代韩国“北方政策”的提出和实施就是在这样的背景下实现的。“北方政策”标志着韩国东北亚政策的改变，该政策也得到美国的支持，1989 年美国总统布什访问汉城，在与卢泰愚的会谈中称赞这是“创造性的外交”，但在某种程度上这一政策也使韩美关系出现了不和谐。

由此可见，韩国对美国在军事、经济和政治外交上的全面依赖，以及韩国政界、军界对社会主义国家的仇视态度，使得韩国对美国的东亚政策言听计从，积极追随。在漫长的冷战时期，韩国始终与美国紧密地站在一起，而美国也给予韩国坚定的支持。可以说，正是冷战的大环境，使美韩同盟关系无论是在政治、经济领域，还是在军事、安全领域，都得到深刻的体现。韩美关系在冷战时期虽然以“同盟”的形式表现出来，韩国也始终固守着对美“一边倒”的政策，但韩美同盟在其发展过程中却不总是一帆风顺的，韩国在争取美援和推迟撤军等问题上与美国的分歧和矛盾接连不断。

早在越南战争期间，美国因深陷越南战争而感到再向亚洲盟国提供更多援助已力不从心，于是开始尝试调整美韩同盟关系，以减轻美国的军事和经济负担。1968 年 12 月，美国国家安全委员会提出了美国对韩政策的三条修正案：第一，关于《美韩共同防御条约》，美可以援引宪法来减少义务，以便在对付危机时有更多的选择余地；第二，放弃永久驻军计划，在适当的时候从韩国撤军；第三，在保留对韩基本承诺的同时，加速韩国在军事和经济上的自立。①

1969年7月25日，尼克松在关岛举行的记者招待会上，阐明了美国对外政策的“新思维”，强调“美国将继续承担业已承担的条约义务，但除非是美国切身利益的需要，美国将不再承担任何新的义务……在亚洲，美国的政策应避免那些过分依赖美援的国家，以防越战那样的悲剧重演”。② 以此为指导，美国开始收缩它在韩国的军事力量，即要撤走1/3的驻韩美军，并宣布从1975年起结束对韩国的无偿军事援助。1970年3月，当美国将减少部分驻军的决定单方面通知韩国时，韩国做出极为强烈的反应。朴正熙在会见美国副总统阿格纽时，表示拒绝接受美国的决定，认为这种做法会鼓动朝鲜的侵略野心，并将导致“无法挽救的灾难”。③ 在1970年7月召开的美韩第三次安全磋商会议（SCC）上，美国拒绝了韩国要求推迟撤军的请求。1971年3月，美陆军第七师从韩国撤离。美国的撤军计划给韩国造成了巨大压力和挑战，为此韩国国会通过了关于国家安全的紧急决议，表示“我们希望作为30年血盟而共同捍卫自由战线的美国用行动来表明坚定信心，不让朝鲜半岛重演印支半岛那样的失败。如果不这样用行动表明决心，美国所有的对外诺言都会失去信用，世界的和平秩序也将崩溃”。韩国在对美国进行谴责的同时，也采取了一系列自救措施，1975年4月韩国公开提出要减少对美国的依赖，发展自主国防。1975—1976年，韩国的国防预算增加了2倍，1979年更是急速增长，总额是1975年的4倍。④

---

① 王传剑：《驻韩美军问题的历史考察》，《东北亚研究》2004年第2期。

② The U. S. Department of State, *International Treaty and Agreement*, Vol. 5, Washington D. C.: Government Printing Office, 1970. 1585.

③ Jihwan Hwang, *Rethinking the East Asian Balance of Power*, International Balancing, and the Korean-Japanese Security Relationship, World Affairs Vol. 166, No. 2. 2003. 102.

④ 汪权：《冷战后的美国朝鲜半岛政策析论》，中共中央党校博士学位论文，2006年。

韩国在发展自主国防，采取自救措施的同时，并未放弃对美外交的努力，试图使美国重新考虑撤军决定。朴正熙政权除通过公开的外交途径与美国联系外，还借助其中央情报局在美国的机构进行活动。他们以外交官的身份，通过接触美国政府高级官员和国会议员获取情报，并以贿赂拉拢等手法影响美国政府的对韩政策。[①] 这一做法引发了“韩国门丑闻”事件，美国在对这一事件的主角韩国商人朴东宣的起诉书中说，他向美国众议员行贿的目标之一是“诱导众议员投票赞成向韩国提供更多的美国军援，反对减少驻韩美军”，“韩国门丑闻”使韩美关系跌入谷底。到全斗焕政权时期，美国才逐步缓和了与韩国政府之间的关系。1981 年 1 月，全斗焕总统访问美国，里根总统重新确认了美国对韩国的防御义务，并明确表示没有计划撤回驻韩美军，两国明确了战略伙伴关系，韩美两国军事安全同盟进入一个新阶段。

然而，20 世纪 80 年代中后期，韩国国内掀起了一股强烈的反美主义浪潮。那时，直接引发韩国反美主义的主要是“光州事件”和韩美之间愈演愈烈的贸易争端。一方面，由于“光州事件”以及其后发生的一系列事件，韩国民众对美国的不满急剧上升。不少人认为是美国在背后操纵韩国当局对人民实施独裁统治和残酷镇压，韩国民众对驻韩美军的批评日盛一日。另一方面，由于韩国经济的腾飞，传统的韩美经济关系的性质发生了转变，自 20 世纪 80 年代开始，双方的经济摩擦和贸易纠纷接连不断，美国对韩国的不公平贸易引发了韩国公众的诸多怨言。这一时期，韩国国内掀起了一股强烈的反美主义浪潮。以青年学生为主体，包括知识分子、宗教界人士、城市平民和农民在内的社会各阶层都广泛参加了这一社会运动，形成了一次几乎涵盖整个社会的反美运动，使韩国政府的对美政策面临巨大困境，在一定程度上为冷战后韩国对美政策的调整与转变奠定了基础。即便如此，冷战时期的韩美关系还

① 孙茹：《70 年代美韩安全关系中的撤军问题》，《太平洋学报》1998 年第 4 期。

是以稳固的同盟形式出现的，在冷战的大背景下，韩国倾向并听命于美国，韩美同盟关系无论是在政治、经济领域还是军事、安全领域，都得到深刻的体现。

第二节　冷战结束后韩国对美的政策调整

如前所述，韩国是在美国的帮助下完成建国的，并在政治、经济、安全等各方面都极大地依赖于美国。对韩国而言，韩美同盟关系一直是韩国对外政策的基轴和重心。但是冷战后，随着东北亚国际格局的变化，东北亚正在形成一种新的秩序。在这个过程中，韩国也不甘平庸，在东北亚事务中不断施加自己的作用和影响，逐渐摆脱以往唯美国马首是瞻的外交政策。与冷战时期相比，韩美同盟关系在军事、经济、外交等领域都出现了一些新的变化。

一、政治领域，积极谋求独立自主

冷战结束后，随着国际形势的改变和自身经济实力的提高，韩国认识到固守韩美同盟不利于本国的自主发展。韩国及时抓住机遇，通过“北方外交”成功实现了对苏（俄）、对中关系正常化，使得“韩美日”不再是韩国外交可以依赖的唯一选择，韩国逐渐摆脱冷战阴影，积极谋求独立自主。

金泳三是冷战后韩国上台执政的第一位总统。在外交上，他强调韩国外交不再像过去那样局限在美国及其盟友的范围之内，主张要改变因1000多年失去外交自主权而在国际上屈辱孱弱的地位，抓住有利时机，建设一个“新韩国”。他在继续强调韩美同盟是韩国外交基轴的同时，在对美关系上，也越来越多地表现出民族自主和要求成为国际事务中平等伙伴关系的意志。1993 年 5 月，金泳三总统在“新外交”的演说中提出韩国外交的“多边化”问题，其中所谓的“多边化”就是指“拓宽韩国外交空间，在深化与美日同盟‘友邦’关系的同时，发展与中国、俄罗斯的关系……”，金泳三的新外交从根本上说就是希望通过多元化的外交走向来减轻对美国的过分依赖。[①] 与此同时，金泳三在东北亚地区积极推进“四强外交”，频繁出访周边大国，初步形成了保持韩美日三边协调体制及同中俄发展友好合作关系的外交格局，扩大了自身的外交回旋余地，提高了韩国在东北亚地区的地位。

金大中政府时期，韩国的“四大国外交”更显成熟，加之对朝推行“阳光政策”，半岛的和平稳定得以有效维护，提高了韩国在东北亚地区的地位。2000 年 6 月，金大中总统与朝鲜领导人金正日举行了历史性的首脑会晤，实现了南北关系史上里程碑式的突破，南北关系明显缓和，双边交流合作有所加强。与此相反，美国对朝鲜一直采取敌视的态度。金大中明确表示反对美国牵头对朝鲜实施任何制裁，公开拒绝加入美日共同研制的战区导弹防御系统，韩美间不和谐的声音时有出现。2002 年 11 月，以驻韩美军装甲车轧死两名女中学生为契机，韩国国内出现了强烈的反美情绪，接着发生的烛光示威引起“韩美同盟危机论”，要求“修改《驻韩美军地位协定》”，呼吁“美国撤军”的呼声不断，并形成强烈的以反对驻韩美军为中心的“反美舆论”。

到了卢武铉执政时期，韩国在外交上明确发出与美国不同的声音。卢武铉在竞选总统时多次强调要与美国建立“更平等互惠的关系”，认为对美国该说“不”时就要说“不”。他上台后曾发誓要调整与美国的

① 曹中屏、张琏瑰：《当代韩国史（1945～2000）》，南开大学出版社，2005 年，第 495 页。

关系，并在不同场合表示“韩美同盟应该建立在更平等、更合作的基础上”。2005 年 3 月，卢武铉先后发表了后来被韩国媒体概括为“卢武铉主义”的几次重要讲话，其核心思想①主要有：第一，驻韩美军部署到东北亚其他地区时，必须事先征求韩国同意，“无论发生什么情况，韩国都会坚持这一原则”，韩国军队决不会追随美国卷入东北亚纷争；第二，发展韩国的“自主国防”、“自主外交”，将在 10 年内建立一支具备作战权的韩国自主性军队，拥有独立作战和部署能力；第三，韩美之间应该建立全面发展的同盟，不能接受美国对韩国强制要求的专属同盟。由此可以看出，卢武铉总统公开改变传统的“唯美外交”政策，减少对美国的依赖。2005 年 4 月，韩国政府宣布拒绝加入美国针对朝鲜的“特别行动计划”，理由是该计划含有不合适的内容，其中许多部分可能会对韩国的主权构成严重限制。由于韩国方面拒绝，美国被迫取消了该计划。对此，美国表示，“重大联盟关系中应有的基本信任缺失了”，韩国方面对“特别行动计划”的否决，使韩美之间的分歧更加明显。

与此同时，韩国刻意加强其外交的独立性，提出要做东北亚格局中的“均衡者”。卢武铉表示：“将充分行使并担负起一个主权国家应有的权限与责任。不仅在朝鲜半岛，而且要在维护东北亚地区的和平与繁荣方面发挥均衡者作用。”② “东北亚均衡者”思想③的要义是：第一，韩国将放弃冷战时期的阵营外交，不再拘泥于“美日韩”框架，在韩美同盟的基础上积极发展同周边国家的关系，特别是同中国、朝鲜和俄罗斯的关系，韩国既不属于北三角，也不属于南三角；第二，韩国要在东北亚大国中发挥“和平杠杆”的作用，防止在东北亚出现新的冷战，在发生“日中对立”或“美中冲突”时，韩国将作为调停人，在国际

---

① 李玉华：《韩国：小国大外交》，《当代世界》2005 年第 12 期。
② 李军：《试析卢武铉政府的“均衡者外交”》，《现代国际关系》2005 年第 12 期。
③ 许亮：《解析卢武铉主义》，《东北亚论坛》2007 年第 4 期。

社会中显示其分量，为维护整个东北亚的和平与繁荣发挥平衡作用；第三，韩国作为主权国家应享受应有的权利，不允许出现无视韩国意愿的单方面决定和行动。这表明，韩国在外交上加强独立性的同时，逐步向平衡东北亚四大国的方向调整其外交政策，为了使东北亚不再发生矛盾和冲突，韩国力图在东北亚事务中扮演一个平衡者的角色。虽然不少韩国人担忧“均衡者论”会危及韩美同盟关系，国内要求修补韩美同盟关系的呼声不断，但从中可以看出韩国政府改变昔日“美主韩从”政治格局的决心。对于卢武铉提出的“均衡者论”，美国反应强烈，并表示“东北亚‘均衡者论’与韩美同盟无法共存，倘若韩国欲结束韩美同盟关系，则悉听尊便”。①

对于韩国对美政策的调整和韩美关系的变化，美国国防部长拉姆斯菲尔德2005 年10 月17 日在《华尔街日报》发表文章指出：“美韩两国关系的性质随着韩国的改变而发生了变化。美国对韩国国防的承诺虽然不变，但今后美国的作用将会渐渐演变为辅助性质。”美国不再是韩国的“保护人”，而是“伙伴”。② 这表明韩国传统的“唯美外交”已经逐渐在发生变革。

二、安全领域，加快建设“自主国防”

韩国军队是在美国的大力援助下建立起来的，并依靠美军的支持保卫着韩国安全。冷战时期，美国对韩国一直扮演着军事保护国和政治领导者的角色，韩国在军事上全面依赖美国。冷战结束后，随着美国东北亚政策的调整及韩国综合国力的增强，韩军制定了逐步收回作战指挥

---

① 魏志江、姜秀敏：《卢武铉的和平繁荣政策及其对中韩关系的影响》，《东北亚论坛》2006 年第1 期。

② 《积极和中俄搞好关系，韩国不想与美日拉帮结派》，http：//news. china. com/zh_cn/ domestic/945/20051026/12786107. html。

权，建立自主的作战指挥系统和武器制造体系，建成拥有平时、战时作战指挥权，战时由美军提供紧急支援的“自主国防”发展战略。① 根据这一战略，韩国开始加快“自主国防”建设。

20 世纪 60 年代末，随着“尼克松主义”的出台及美国从朝鲜半岛撤军计划的实施，韩国政府提出了“自主国防”理念。从 20 世纪 80 年代开始，随着韩国经济的发展和国际地位的提高，韩国在国防上的自主倾向进一步提升。此后，随着韩国综合国力的不断提高，韩军开始谋求在美韩军事同盟中发挥更多的作用。冷战后韩国不断增加国防投入，除了 1997 年亚洲金融危机爆发后的两年内，韩国国防预算持续增加。卢武铉上任后把韩国实现自主防务作为一项优先任务，政府在其“安保政策构想”中提出了韩国军队建设的方向和目标：“参与政府任期内与发展韩美同盟并行，建立自主国防的基础。自主国防指的是，为了确保对朝遏制力，建设必要的战斗力，与此同时，确保独自作战能力和军队运送能力。”② 卢武铉认为，韩国要在国际上得到认可，“必须实现自主国防”，“永远依赖驻韩美军的想法不正确”，“原则上国防必须自主，与盟国的共同安保是辅助手段”。③ 2003 年，美国筹划对驻韩美军进行重新部署，2004 年将驻韩美军由 3.7 万人削减到 2.5 万人，在此情况下，韩国不是消极地依赖美国，而是加快建设自主国防。对此，卢武铉总统表示，“韩国不能一直在国家安全上依赖美国”，“要以驻韩美军调整为契机，发展自主国防力量”。韩国从 2005 年开始全面推行“自主国防”计划，目的是提高韩国军队的作战能力，弥补因驻韩美军裁减而出现的“战斗力空白”。④ 2005 年，韩国国防预算总额为 20.8 万亿韩元（约合

---

① 王宜胜：《美韩同盟关系转变的背后》，《人民日报》2007 年 3 月 2 日。

② 《〈和平繁荣和国家安保〉——参与政府的安保政策构想》，NSC，2004 年 3 月 1 日。

③ 徐宝康：《韩国总统卢武铉强调自主国防并增加军费》，《人民日报》2003 年 6 月 21 日。

④ 张锦芳：《韩国将全面实施“自主国防”计划》，http：//news. sina. com. cn/w/2004—09—25/12593768184s. shtml。

198 亿美元），比 2004 年增加了 9.9%，2006 年和 2007 年韩国国防预算涨幅分别为 6.7% 和 9.7%。[①] 2007 年 7 月 18 日，韩国国防部向总统提交了预算高达 24.5 万亿韩元（约 266 亿美元）的 2008 年军费开支计划，比 2007 年的军费开支增长了 9.9%。韩国国防部表示，增长的军费将主要用于满足韩国军队的改进、新型武器装备的开发和研制、战机更好地维护等需求。[②] 韩国一方面大量增加军费，加快建设自主国防的进程，另一方面逐渐从驻韩美军手中收回作战指挥权。经过双方协商，2007 年 2 月 23 日美韩共同宣布，美国将于 2012 年 4 月 17 日正式解散美韩联合司令部，并向韩国移交战时作战指挥权。届时，韩国将有权在战时指挥本国军队作战。韩国总统府表示，此次达成的协议将使韩美同盟关系在下一个 50 年里发生质的飞跃，是一个新的起点，具有极其重要的意义。[③] 同时，也表明美韩军事同盟关系正逐步从“美主韩从”向趋于平等的合作性同盟转变，韩国军队将拥有更大的主动权。

三、经济领域，对美竞争力日渐增强

二战后韩国主要依靠美国援助恢复和发展经济，所以韩国的经济发展在很长时间内严重依赖于美国。20 世纪 90 年代以来，随着经济实力进一步增强，韩国逐渐降低了对美国市场的依赖。

韩国一直是以出口为导向推动经济发展，出口部门产值占 GDP 比重约 60%，加之和美国市场关系紧密，因此对美国市场有很强的依附性。冷战结束后，随着东北亚地区经济合作的开展，韩国开始实行多元

---

① 牛林杰、刘宝全：《2006～2007 年韩国发展报告》，社会科学文献出版社，2006 年，第 104 页。

② 《东亚“新秀”震撼亮相——透视韩国军队》，http：//jswzmil. com/2008 - 1/200812117 0659. htm。

③ 信莲、康娟：《2012 年：韩国收回战时作战指挥权》，《解放日报》2007 年 7 月 24 日。

化贸易战略，在出口区域方面也有明显的分散，与中、俄的贸易不断取得进展，对美国贸易依存度也明显降低。2003 年中国已取代美国成为韩国第一大出口国，韩国贸易伙伴增多，使其更希望在经济上能够摆脱美国的控制。

与此同时，在贸易领域，韩国对美竞争力日益增强。近年来，随着韩国经济的发展和竞争力的提高，韩美两国在汽车、钢铁、电器等产业上的竞争越来越激烈，而且韩国在许多高科技领域也开始与美国“叫板”。虽然在相互依存的国际经济环境中，韩美两国都继续视对方为重要的经济伙伴，并且在韩美自由贸易协定（FTA）全面履行后，韩美将结成更为紧密的经贸合作关系，但随着贸易竞争的加剧，贸易摩擦也日益严重。对此，有学者称，韩美经济摩擦和贸易争端的增多，恰恰表明韩美经济关系已经超越了“垂直依赖”，而进入了一个以“相互依存”为基础的“互惠互利”的新阶段。①

综上所述，冷战后国际和国内环境的变化，使韩国的对美政策进行了调整，韩国的独立意识逐渐增强，韩美意见分歧及卢武铉所倡导的“均衡者外交”对韩美同盟有着消极的影响，一度引起了韩美关系的裂痕。但是韩美关系的调整和变化是有限度的，还不至于影响韩国与美国在整个东北亚国际关系中的传统盟国关系。事实上，韩国终究是美国的盟国，出于长远战略和现实经济的考量，都不允许韩国放弃依赖美国的体制。从韩国方面来看，需要美国的支持。军事方面，虽然韩国的自主国防能力有很大提高，但朝鲜在常规军力上仍有一定优势并且具有开发大规模毁灭性武器的能力。因此，虽然卢武铉本人具有一定的“反美”色彩，但在朝鲜半岛南北对立、朝核问题仍未解决的情况下，驻韩美军对朝鲜有强大的威慑作用，韩国在安全问题上还得依赖美国。外交方

---

① 王传剑：《双重规制——冷战后美国的朝鲜半岛政策》，世界知识出版社，2003 年，第 237 页。

面，美国在当今世界的超强地位和在朝鲜半岛的军事存在，使韩国不得不承认美国在维护朝鲜半岛稳定和解决朝鲜核问题等事务上的主导作用，脱离韩美同盟的外交对韩国来说是不可想象的。正如韩国时任外交通商部长李廷彬所言，“不管喜欢与否，只有管理好韩美同盟关系，才能谋求国家发展、增进国力。此外，别无他法。现在，包括将来很长一段时间都是如此。我们的邻国日本、中国尚且以同美国的合作关系为外交政策首要，韩国更没有必要变更既有的外交基本框架”。经济方面，韩国也离不开美国市场。美国是韩国最大的外国投资国，是除中国以外韩国的第二大贸易伙伴，韩美自由贸易协定全面履行后，韩美成为更为紧密的经贸合作伙伴。

美国更不愿意撒手朝鲜半岛，失去其在东北亚地区重要的军事基地。美国的东亚政策是影响韩国东北亚政策的重要外部因素，也是构成韩美关系的重要组成部分。从美国来看，发展韩美同盟符合美国的战略利益。美国在东亚地区的首要目标是维护其经济利益，而为了自身经济利益的最大化就必须有效地控制东亚地区。在经济上，东亚地区对美国的经济发展所具有的重要性日益突出。从20世纪90年代初开始，美国与亚洲地区的贸易额已占其贸易总额的40%，大大超过了北美和欧洲。[①] 尽管从经济合作的层面考虑，美国希望东亚地区稳定，但为了维护美国在这一区域内的利益，就要从政治和军事上控制该区域，这就产生了美国大范围介入东亚地区事务的必要性。[②] 美日同盟和美韩同盟是美国实施东北亚战略的基础，美国重视与韩国的关系，强调“美韩协调”是确保美国东北亚利益的重要前提之一。

韩美同盟产生的基础是为了对付共同面临的安全威胁。冷战结束后，美国多次在公开场合声明，即使在朝鲜的威胁解除以后，为地区安

---

① 赵学功：《巨大的转变：战后美国对东亚的政策》，天津人民出版社，2002年，第388页。

② 金强一：《美日东北亚区域战略与朝鲜半岛问题》，《当代亚太》2004年第9期。

全起见，也应同韩国保持强有力的防务联盟。对美国来讲，为防止欧亚大陆出现与美国势均力敌的对手，维护美国在欧亚大陆的主导地位，就必须在东北亚占据有利态势。而东北亚是中、美、日、俄四大国战略利益的交汇点，朝鲜半岛位于东北亚中部，战略地位重要，美国保持美韩联盟和驻韩美军是其东北亚安全战略的重要组成部分之一。[①] 借助于韩美同盟，美国不仅成功遏制了朝鲜，同时也规制了朝鲜半岛的周边大国，确立了美国在东北亚地区的相对优势。“9·11”事件后，美国在反恐新形势下，对驻韩美军进行了“战略灵活性”调整。虽然卢武铉总统一再强调“驻韩美军的移动不违背韩国人的意愿”，但仍意味着驻韩美军将作为一支“地区快速机动部队”参与到朝鲜半岛以外的地区争端中。这说明韩美同盟将会在新的基础上得到进一步巩固，并以新的模式长期发展下去。而且，美国已把韩国、日本、澳大利亚共同列为亚太地区的核心国家，这意味着美国将韩国重新定位为与其在市场经济、民主价值观、世界和平等方面共同承担责任的重要盟国。[②]

事实上，冷战后韩美双方都在为巩固和强化两国的同盟关系而不断努力，韩美始终保持着密切的协调关系。为增强韩美两国的协同作战能力，冷战结束后，韩美联合军事演习的数量不减反增，军事演习的规模和力度不断加大。两国国防部长、参谋长联席会议主席、各军种参谋长等每年都进行互访，以协调两军的立场。双方每年还定期举行韩美安全协商会议和韩美军事委员会会议，每月举行一次由韩外交部和国防部长官、美驻韩大使和驻韩美军司令参加的“2+2”安保会议，保证了双方军队间沟通渠道的畅通。实际上，韩国一直认为，韩美同盟关系以及驻韩美军能够保证韩国周边安全环境的稳定及其在地区事务上的发言权。而保留驻韩美军是维系韩美特殊同盟关系的关键性因素和最为直接

① 夏立平：《论韩国核不扩散政策与美韩联盟转型》，《当代亚太》2007年第9期。
② 程小伟、付兴：《近年来韩美同盟关系发展变化及未来走势》，《东北亚研究》2004年第3期。

的体现，韩美伙伴关系将能“确保朝鲜半岛实现和平、阻止战争，并为朝鲜半岛实现和平统一创造氛围”，而且韩国“四周都是亚洲的大国——俄罗斯、中国和日本，因此让美国军队继续留在朝鲜半岛是可取的”，这将“有助于东北亚的稳定”。同时，韩美之间的特殊关系也将保证韩国在地区事务处理上拥有更多的发言权，以确保韩国的地缘安全，使其拥有一个相对稳定的周边环境。[①] 即使在具有反美色彩的卢武铉政府任期内，韩国不仅应美国的要求出兵伊拉克，而且还延长了韩国部队驻扎伊拉克的期限，此外韩美自由贸易区谈判也取得了重要成果，受到美国政府的欢迎。

历经了卢武铉政府时期韩美同盟短暂的“渐行渐远”，韩国总统李明博执政后，韩美同盟关系日趋成熟，逐渐形成一个以军事同盟为基础，涵盖政治、经济、文化、外交等多领域的全面战略同盟。李明博在竞选时，就主张要建立以韩美联盟为核心的多边外交，恢复与美国的传统血盟关系。执政后，他更是在不同场合反复强调韩美同盟的重要性，将“恢复韩美同盟”作为最优先的外交课题。美国也冀望李明博能致力于改善近些年降温的韩美、韩日关系，美国保守派智库传统基金会的东北亚问题专家布鲁斯·克林纳表示：“我们希望，韩国新政府会更多关注重塑韩美同盟，过去10年，韩美同盟经受了波折。”[②]

自李明博政府执政以来，美韩构筑全面战略同盟的进程就已启动。[③] 李明博称对美外交是韩国外交的核心与关键，为尽快恢复“受损”的韩美同盟关系，2008年4月15日李明博访美，将修复韩美同盟作为其“实用主义外交”的第一步，也是其实践“四强外交”的第一

---

① 徐文吉：《朝鲜半岛：时局与对策研究》，山东大学出版社，2007年，第250—251页。

② 《美日对李明博寄予厚望，希望重启美日韩合作》，http://news.xinhuanet.com/world/2007-12/21/content_7286782.htm。

③ 《美韩强化战略同盟》，《人民日报》2009年6月24日。

站。在韩美举行的首脑会谈中，双方宣布建立“面向21世纪的韩美战略同盟关系”，提出韩美同盟应以“价值同盟、互信同盟、和平同盟”三项原则为基础重新定义新型韩美同盟关系，扩大各领域共同利益，实现韩国“全球化”的政治构想。其中，“价值同盟”是指韩美两国拥有同样的价值观和理想；“互信同盟”是指两国不断扩大在军事、政治、外交、经济、社会、文化等各领域的共同利益，从而建立起来的同盟关系。“构建和平同盟”是指韩美同盟共享东亚乃至全世界的战略利益，为建立世界和平做出贡献。①

应该说，李明博上台后，为弥补韩美裂痕，进一步协调了同美国的关系，韩美关系一度迅速升温，李明博访美及“21世纪韩美战略同盟”的确立，更加使韩美关系迅速改善的氛围达到高潮。其间，虽然“牛肉风波”问题对李明博政府发展全方位的韩美战略同盟关系的努力造成巨大冲击，韩国国内甚至出现要求李明博下台的声音，并直接造成青瓦台重新组建新内阁，但李明博仍进一步协调了同美国的关系。美国总统奥巴马上台后，两国关系更为紧密，双方致力于发展战略同盟的态势得以延续。2009年6月李明博再度访美，根据韩美峰会期间发表的《韩美同盟未来共同展望》，双方决定在朝鲜半岛、亚太地区和全球三个层面构筑“全面战略同盟”，这意味着两国将加强除军事、安保领域以外的政治、经济、社会、文化、贸易等所有领域的全方位、围绕各种议题开展合作的同盟。为打造韩美全面战略同盟，李明博政府积极推进了韩美FTA的签订，2011年《韩美自由贸易协定》正式签署，促进了两国在经济领域的“全面合作”，韩美同盟在以往的安保和军事同盟的基础上新增了经济同盟关系。在韩美全面战略同盟这种新型同盟关系的框架下，两国关系不断得到巩固和加强。

---

① 《李明博提出21世纪韩美同盟三原则》，http：//news. xinhuanet. com/newscenter/2008—04/18/conte nt_ 7997412. htm。

在政治领域，韩国和美国维持着密切的合作关系，在许多国际问题上对美国亦步亦趋。韩美有着共同的政治体制和价值观念，针对国际和地区安全事务的认知总体趋同，双方在重大国际问题上的战略互动也越来越频繁。特别是李明博政府以实用主义外交积极迎合美国的外交安全政策，对朝鲜奉行强硬政策，恢复美韩日对朝政策协调，全面参与“防扩散安全倡议”，在地区导弹防御系统上加强与美国合作，积极参加美国主导的国际反恐行动，在诸多问题上唯美国马首是瞻。①

在军事领域，韩美军事同盟不断得到强化。李明博政府上台后，全面推进韩美军事同盟，提升韩国军队战斗力，摆脱仅以朝鲜为对象的战略概念，加强韩国军队在地区及国际层面的作用。李明博政府时期，韩国决定重新评估加入金大中政府和卢武铉政府拒绝参加的、美国主导的导弹防御体系及防扩散安全倡议，推迟了原定于2012年转交的美国在战时对韩美同盟的军事指挥权。在驻韩美军问题上，双方认为继续维持驻韩美军的军事力量对实现半岛及东北亚的和平与繁荣非常重要，因此取消了原定于2008年末将驻韩美军再精简3500人的计划，决定继续保持目前2.85万人的规模。此外，韩美两国举行了首次外长和防长参加的“2+2”会谈，以往这种由两国外长和国防部长共同出席的会谈，美国仅分别与最铁杆的盟友澳大利亚和日本举行过。韩美还建立了双边军事机制，将双方在延伸威慑方面的协商常态化，确保美国向韩国提供的核保护伞的有效性。朝鲜金正恩政权上台后，面对朝鲜连续制造的核和导弹威胁，以及不断发出的挑衅言论所造成的紧张、动荡的半岛局势，美国不断重申动用包括常规和核力量在内的“全部美国军事能力”协防韩国。② 2012年10月，韩美两国达成协议，将韩国弹道导弹射程由此前的300公里延长至800公里，新射程覆盖了朝鲜全境以及中国和

① 韩进军：《浅析韩美同盟的非对称性》，《国际研究参考》2014年第1期。

② 《美韩“2+2”会谈强化同盟关系》，《人民日报》2012月6年6日。

日本部分地区，两国在军事安全合作方面又迈出了重要的一步。韩美两国间的军事交流更加频繁，军事关系更加密切，军事合作不断深化。仅就韩美军事演习而言，每年大大小小就有100多次，规模和影响较大的有“阿尔索伊”演习、“关键决断”演习、“乙支自由卫士”演习、“鹞鹰”演习等。值得注意的是，一年一度的韩美军演正呈现出次数越来越多、规模越来越大、针对性越来越强的特点。①

在经济领域，韩美合作大片开花结果。韩美经济关系密切，美国是韩国的第二大贸易伙伴，而韩国是美国的第七大贸易伙伴。韩美自由贸易协定（FTA）正式生效以来，促进了两国的进出口增长，推动了两国的贸易和投资往来，双方的贸易往来更加频繁。值得关注的是，韩国各界当初预计韩国农副产品会因韩美自贸协定而深受打击，但实际上，韩国农副产品成功在美国市场扎根，几乎所有农副产品项目的出口均大幅增加。而美国汽车对韩国出口也大幅增加，美国汽车在韩国进口车市场超过日本而位居第二名。另外，在投资领域，韩美之间的合作也取得了喜人成果，紧密的经贸往来使新型韩美全面战略同盟关系更加坚固。

此外，在文化领域，韩美两国相互影响，相互促进。以美国为代表的西方文化深刻影响着韩国社会的方方面面，深受韩国大众喜爱，而以韩剧和韩国流行歌曲为主要特征的“韩流”文化，也越来越被美国人所接受。

由此可以看出，冷战后韩美同盟关系一直处于不断的调整过程中，但无论是在政治合作、军事安保、经贸往来还是文化融合方面，韩美同盟关系都在逐步深化，尤其是在经贸往来方面，韩美自由贸易协定和韩美军事同盟成为韩美全面战略同盟关系的两大主轴。此外，韩国在安全问题上将会更多地借助美国的保护，还将与美国一同参与反恐、防止大规模杀伤性武器扩散、反毒品、疾病防治等国际事务。

---

① 韩进军：《浅析韩美同盟的非对称性》，《国际研究参考》2014年第4期。

第三节　韩美同盟关系存在的问题

韩国总统李明博执政以来，韩美同盟关系发生了实质性变化，由军事同盟升级为全面战略同盟，韩美两国也进入历史上最亲密的时期。即便如此，韩美同盟关系仍存在着难以逾越的障碍，其中修改《驻韩美军地位协定》、驻韩美军费用分担、战时指挥权移交等问题始终贯穿于韩美关系发展过程中，也将是韩国政府对美政策中面临的主要课题。今后两国在讨论和协商诸如此类敏感问题时，韩国政府会更加谨慎，因为这些都是和韩国国民感情交织在一起的敏感问题，稍有不慎就会刺激到国民的情绪。

一、驻韩美军地位问题

2011 年，几名前驻韩美军透露，美军曾在驻韩美军基地“卡罗尔军营”埋下了除草剂“橙剂”，引起了轩然大波。而被指的卡罗尔军营不予公开相关信息，引起了当地居民的强烈不满。韩国政府曾就驻韩美军卡罗尔军营的橙剂事件，提议美国考虑修改《驻韩美军地位协定》（SOFA）的可能性，美国并未给予回应。

有人指出，在韩美发展平等关系的过程中，最大的障碍就是《驻韩美军地位协定》（SOFA）。1966 年 7 月 9 日签订的《驻韩美军地位协定》是韩美安全合作关系新的里程碑，该协定尽管有它的局限性，却重新确定了韩国对驻韩美军的裁判权和其他主权性的权限。此后，《驻韩美军地位协定》经过几次修改，删去了“自动放弃刑事裁判权”等条款，但仍未达到韩国方面期待的水平。2002 年女中学生死亡事件，其判决结果只有受害者，而没有凶手，这就如实反映了《驻韩美军地位协定》的局限性。卢武铉任总统时期曾大声疾呼“不平等的《驻韩美军地位协定》必须修改”，“不平等的韩美关系决不能延续下去”。韩国是一个民族意识和主权意识都非常强的国家，面对美军的不断滋事，韩国国内的反美情绪也在进一步增长。现行的《驻韩美军地位协定》对两国的合作调查只做了原则性的规定，给韩国调查机关的现场调查和共同调查带来了困难。另外，对于非公务性的犯罪，有关条款规定：“当美军要求放弃裁判权时，韩国要进行善意调查。”而美军可以自行判断是否属于公务，对于没有美国官员在场的陈述可以不承认其作为证据的法律效力等，这些条款都侵害了韩国的司法主权。近些年，驻韩美军的犯罪数量呈增加趋势，每年犯案次数超过 300 起。而在 2008—2013 年 5 年里揭发的 2200 多起美军士兵案件中，只有 4 人被拘留并接受调查。韩国媒体指出，驻韩美军频繁的“越线”行为需要引起重视，不能放任美军士兵肆意妄为。根据《驻韩美军地位协定》，韩国警方如果没有当场逮捕美军士兵，事后就很难再将其逮捕，驻韩美军地位问题成为困扰韩美同盟关系的主要问题。

二、驻韩美军费用分担问题

冷战结束以来，美国一直表示韩国政府应该承担更多的驻韩美军的费用。美军驻守韩国为其提供军事庇护，而韩国则要向美军交“保护费”。1991 年韩美两国首次签订关于驻韩美军的《防卫费分担特别协定》，至 2009 年共签订过 8 次协定，由于 2009 年韩美签署的协定将于 2013 年年底到期，双方从 2013 年下半年起开始展开新的协定谈判。

在韩国存在反美情绪，其中的主要原因是美国方面要求韩国政府分担驻韩美军的开支费用，这一费用相当大的部分由韩国纳税人负担，从而激起了韩国人的不满。1991 年韩美签订《防卫费分担特别协定》后，韩国支付的驻韩美军费用逐年增加。1992 年，韩国同意提供 1.8 亿美元协助支付驻韩美军的费用；1994 年，美国又迫使韩国将其对驻韩美军的财政支持增加至每年 3 亿美元。[①] 这个数目占韩国当年国内生产总值的比例是日本支付驻日美军费用占国民生产总值比的4.2 倍。“额外”支出的高额费用无疑增加了韩国的经济负担，双方在此问题上的争执越来越多。1996 年，美国拒绝为韩国提供驻韩美军军费需交纳的 10% 税金，曾引起韩国舆论的强烈批评。每年一度的美韩安保协商会议，也成为驻韩美军费用争执的场所。据统计，在过去的 23 年间，韩国分担的驻韩美军费用增加了 9 倍。韩美双方关于驻韩美军防卫费分担问题已于 2014 年初达成最终协议，有效期 5 年。

三、战时指挥权移交问题

根据韩美两国政府达成的协议，美国将于 2015 年年底移交“战时作战指挥权”。然而，就在战时作战指挥权移交进入倒计时之际，2013 年 7 月韩国国防部长金宽镇正式向美国国防部提出，希望再次推延原定于 2015 年移交的战时作战指挥权的时间。

战时作战指挥权是指在半岛“有事时”指挥军方作战的权力，又称战时作战权。朝鲜战争后，韩国为了保障自己的生存和安全，把军事指挥权让给了由美国人担任的驻韩美军司令部，美军掌握了对韩国军队的指挥大权，并在 1954 年《美韩相互防卫条约》中进行确认。1987 年，韩国前总统卢泰愚首次提出收回作战指挥权问题。冷战后，韩国开始酝酿收回平时作战指挥权。1991 年 3 月，韩军接替一直由美军担任的朝鲜军事停战委员会“联合国军”方面首席代表职务；1992 年 12 月，韩军首次担任韩美联合司令部地面部队司令和海军陆战队司令；

---

① 陈峰君、王传剑：《亚太大国与朝鲜半岛》，北京大学出版社，2002 年，第 94 页。

1994 年 12 月，韩美签署新的军事协议，规定韩国国防部和参谋长联席会议直接统帅其武装部队，在和平时期对韩军实施直接的指挥权，对军事装备、军事指挥等重大军事问题，韩国方面有权自行决定，不必再请示韩美联合司令部。[①] 至此，韩军从驻韩美军司令部接收了对韩军的平时作战指挥权。但由于种种原因，战时作战指挥权仍掌控在美韩联军司令手中。卢武铉上台后多次表示，无论是在战时还是和平时期，韩国都需要掌握军事指挥权，这才能成为“名副其实的自主军队”。2003 年，美国重新部署驻韩美军，美军后撤后，韩国军队接管原来美军所在的前线防区，为韩美商讨战时指挥权的移交提供了客观条件。2005 年 9 月，韩国政府正式向美国提出收回战时作战指挥权，对此美国给予认可。经过双方协商，2007 年 2 月 23 日美韩共同宣布，美国将于 2012 年 4 月 17 日正式解散美韩联合司令部，并向韩国移交战时作战指挥权。但是，2010 年 6 月韩国总统李明博与美国总统奥巴马在首脑会谈中重新达成协议，将移交时间推迟到了 2015 年 12 月 1 日。

韩国政府一直为战时作战指挥权移交问题“苦恼”不已。一方面，朝鲜核试验增加了核扩散的风险，朝鲜不断发出的挑衅言辞，加剧了朝鲜半岛的紧张局势，为了应对朝鲜的挑战，韩美两国应该加强军事的密切合作。而且，若战时作战指挥权正式移交，则意味着韩国政府将承担庞大的国防开支。另一方面，一再拖延移交时间，会被“反美”人士抓住把柄大加斥责，甚至引起新一轮的反美浪潮。在韩国国防部提出推延移交战时作战指挥权之后，韩国大量反美社团表示将举行抗议集会，反对美军掌控韩国军队的战时指挥权。韩国媒体担忧，若事态处理不力，将会引发又一轮的反美风暴。无疑，战时作战指挥权已经成为韩国政府面临的一个“棘手难题”。[②]

---

① 黄凤志、高科：《东北亚地区安全战略研究》，吉林人民出版社，2006 年，第 242 页。

② 《韩国面临“战时作战指挥权”移交难题》，http：//money. 163. com/13/0805/01/95FPK3GQ00253B0H. html。

小 结

从以上的分析中我们可以看出，韩国是东北亚地区的中心国家之一，也是中国重要的邻国之一。作为美国在东北亚的盟友，韩国在美国的东北亚战略中占有重要地位。冷战后韩国对美政策的调整及韩国独立自主意识的增强有利于中国国家安全和东北亚地区的稳定。中韩自1992年建交以后，两国的政治、经济和文化等方面的交流日益密切，韩国对中国的看法也因两国的密切交往而发生了巨大变化。韩国人重视中国，韩国一些学者认为，在维护朝鲜半岛和平与稳定方面，韩国依赖中国和依赖美国的程度几乎相同，这表明韩国民众对中国重要性的认识。对于中国的崛起，韩美双方的态度也不一致。随着中国经济的发展和综合国力的增强，美国担心中国取代其在本地区的影响力。2010年中国的GDP超过日本，成为世界第二大经济体，并且中国已经超过美国成为众多国家的最大贸易伙伴，其中包括日本、韩国、澳大利亚等美国盟国。与此同时，中国近年来在地区事务层面也发挥了越来越重要的作用，不仅努力推动与邻国的关系，致力于与邻国双边关系的发展，而且还积极参与多边外交，如六方会谈、上合组织、东亚峰会、地区论坛、亚欧会议、安全政策会议和APEC等。中国经济建设的巨大成就和不断上升的国际地位和影响力，使美国担心东亚地区的多边主义被中国所支配，成为东亚地区性的支配者。奥巴马担任美国总统后，高调提出重返东亚战略，虽然其战略名称几经修改，但是美国介入亚太事务的频率和程度都明显增加。2012年1月5日，美国国防部公布了题为《维持美国的全球领导地位：21世纪国防的优先任务》的新军事战略报告，新军事战略明确把中国和伊朗列为美国的瞄准对象，并宣称在未来的几年时间内，美国将全部军事力量的60%部署在西太平洋地区。奥巴马总统亲自出席了新军事战略报告的发布会，充分显示出奥巴马政府对美国调整军事战略的高度重视。美国公布的军事战略报告意味着美国在军事上对亚太地区的战略投入将从战略规划转向战略实施的阶段，美国高调回归亚洲，针对的是“战略意图不明的中国军事力量现代化”。[①] 美国最新的《四年防务评估报告》再次确认，将在2020年前将60%的海军部署到亚太。此外，为实施美国的亚洲再平衡战略，美国已要求韩国重新考虑整合导弹防御系统。在美国重返东亚的背景下，韩美同盟进一步得到巩固和强化。可见，美国在亚洲再平衡战略中高度依赖同盟，同盟成为其推行该战略、维护美国利益的重要通道。已经运行60年的韩美同盟，成为美国落实亚洲再平衡战略的重要同盟之一。[②] 韩美同盟的强化趋势也更加迎合了美国的重返亚太战略，韩美同盟依然发挥着应对朝鲜威胁和支撑美国亚洲战略的双重作用，美国仍将利用韩美同盟牵制中国。因而，在韩美、中美以及中韩这三组双边关系中，韩国的政策取向与作用是一个关键性因素。韩国不存在联合美国对抗中国的战略意图，也乐见中国与美国建立新型大国关系。在外交活动中，如果能争取到韩国与中国统一立场，这对于抑制美国重返亚太战略中针对中国的意图将大有裨益。

但是正如前文所指出的那样，韩国作用的发挥是有限度的，我们应认清韩国这种独立意识的作用空间和韩美关系调整的局限性。总而言之，韩美同盟有着相同的政治体制、价值观念和战略利益，在韩国东北亚政策的实施过程中，韩美同盟长期是其外交政策的“基石”和“轴心”。冷战后国内和国际环境的变化使韩国对美政策进行了调整，在共同利益的作用下，韩美两国将会通过不断的调整来继续推动韩美战略同

---

① 《美国新军事战略是何盘算》，《人民日报（海外版）》2012年1月17日。

② 张景全：《美国亚洲再平衡战略及美韩同盟在其中的作用》，《教学与研究》2013年第9期。

盟的全方面发展。对于韩国而言，韩美同盟仍是韩国对外政策的支柱和实现国家利益的重要工具，韩国仍将以韩美同盟为基础发展外交关系，巩固和发展韩美同盟依然是维护韩国当前和长远利益之所需。对于美国来讲，美国需要借助韩美同盟实现其亚洲再平衡战略，美国亚洲再平衡战略的实施也是韩美强化全面战略同盟关系的又一关键因素，其更需要韩美同盟继续保持自身在朝鲜半岛和东北亚地区的主导作用。据此，我们有理由相信，即使朝鲜半岛通过和解实现了统一，美国也将努力维系韩美同盟关系的存在，以此确保美国在朝鲜半岛乃至东北亚事务上的影响力，进而建立能够最大限度体现美国利益的东北亚秩序。

第三章

韩国对日政策与韩日关系

韩日关系对彼此而言都是十分重要的双边关系，亦是东北亚地区极为复杂的一对双边关系。两国自 1965 年实现邦交正常化以来，在政治、经济、文化、社会等各个领域以及地区和国际事务的交流合作中均取得了显著的成就。然而，韩日关系至今未能完全摆脱历史争执和领土纷争的消极影响。有人把韩日的这种地理上邻近、政治关系冷淡称为“近而又远”的关系，有日本报刊曾称韩日关系为脆弱的“玻璃关系”，这种形象的比喻道破了韩日关系的错综复杂性。在韩美日三边协调体制的框架下，韩日关系实际上是一种准联盟关系，尽管由于历史问题及领土争端的羁绊，两国关系的发展并不一帆风顺，韩日关系也只是韩美日三角关系中的“短腿”，但在安全问题领域，韩国的东北亚政策始终维系着韩美日三边协调体制。

第一节　韩日会谈与韩日关系正常化

战后韩日关系是在美国的推动下定位的，是美苏冷战的直接产物。

韩日分别于1953年和1951年与美国结成联盟，在美苏冷战的格局下，韩日同属美国阵营，美国为推行全球战略，企图在东北亚地区形成一个以韩日为中心的东北亚防御联盟，极力撮合两国关系正常化。但韩日双方因在历史认识、战后补偿、领海、领土主权等问题方面严重对立，建交谈判历经了7次，长达14年之久。直至1965年6月22日，双方才得以在东京签署《大韩民国与日本国之间的基本关系条约》（简称《韩日基本关系条约》，1965年12月18日生效），实现了双边关系正常化。

1948年8月17日，李承晚在大韩民国成立后举行的记者会和9月30日的国会演讲中，相继阐明了新政府对日政策的基本方针，即警惕日本的侵略主义本性，要求日本对韩赔偿和归还对马。[①] 这奠定了李承晚政权的反日立场和对日强硬的政策基调，在其任期内共举行了4次韩日会谈，均无果而终。此外，韩国政府被排除在对日媾和会议之外，韩日之间存在的问题未能得到解决，也预示着韩日会谈势必旷日持久。

韩国方面提出参加战后有关对日处理的会议的要求由来已久，早在以美国为首的盟国酝酿对日媾和时，韩国李承晚政府就积极要求作为盟国的一员参加对日媾和。1946年11月16日，李承晚就以南朝鲜立法会议议长的名义，向美国转达了南朝鲜方面准备派代表参加对日赔偿会议的意向。1948年韩国政府成立以后，更是对参加对日媾和会议表示了极大的关心。1948年9月30日，李承晚在第一届国会上的施政方针演说中表示："向盟国提出要求，使韩国能够作为盟国的一员参加对日媾和会议。"1949年1月6日，李承晚在记者招待会上进一步明确了韩国要求参加对日媾和会议的立场。[②] 1951年1月26日，李承晚再一次表示：韩国要求参加对日媾和会议；废除从1904—1910年韩日间签订的诸条约，即《日韩合并条约》等；不提出不合理的赔偿要求。[③] 此后，

---

① ［韩］《朝鲜日报》1948年8月3日。
② ［韩］《东亚日报》1949年1月8日。
③ ［韩］《东亚日报》1951年1月29日。

韩国政府通过各种途径多次同美国政府进行正面接触，阐明了韩国政府对有关对日媾和问题的立场。[①] 韩国各政党和舆论界以及众多的社会团体，也通过不同的方式要求美国纠正错误的对日和约草案，以保障“新生大韩民国的生存权”。[②] 但是，日英两国以韩国不是“交战国”为由，坚决反对韩国参加对日和约的签署，而美国也向日英两国做出让步。1951 年 9 月 4—8 日，在美国的一手操纵下，在旧金山召开了对日媾和会议，共有 52 个国家参加了该会议。当年 9 月 8 日，会议强行通过了美国炮制的和约草案，建立了旧金山体制，而韩国最终被排除在对日媾和会议之外，也未能成为《对日和约》的签署国。《旧金山和约》的最大问题是未能完全消除对日本军国主义的制裁，允许其自由发展军备，为日后日本军国主义势力的复活创造了条件。《旧金山和约》正式生效后，日本结束了近 7 年的被占领时期，并从法律上获得了国家独立，重新回到了国际社会。而在韩日关系问题上，《旧金山和约》除规定“朝鲜”（英文原文为“Korea”——笔者注，下同）独立、有关在韩日本及日本人“财产的处理为有效”之外，对其他韩日之间存在的悬而未决的问题并没做出明确的规定。因此，韩日之间的悬案问题未能在《对日和约》中得到彻底解决。例如，韩日恢复邦交、财产请求权、“麦克阿瑟线”及渔业纷争、在日朝鲜人的法律地位、船舶、独岛等一系列的悬案问题都没有得到解决或圆满解决，这就为此后的韩日邦交正常化谈判以及未来两国关系的发展投下了阴影。

《旧金山和约》生效后，日本主权得以重建，韩日两国在美国的安排下开始正式接触，韩日建交预备谈判于 1951 年 10 月 20 日在东京举行。随后在 1952 年 2 月至 1953 年 10 月举行的前三次韩日会谈中，双方主要围绕财产请求权及“和平线”的划定问题形成鲜明对立。韩方

---

① ［韩］《东亚日报》1951 年 7 月 13 日。

② ［韩］《东亚日报》1951 年 7 月 17 日。

提出以清算日本36年殖民统治为内容的对日财产请求权，日方则认为对韩也有请求权，要求韩国政府对没收在韩日本人财产一事进行赔偿，其目的是抵消韩国对日本的财产请求权。[①] 在1953年10月6日举行的第三轮会谈中，韩方拒绝了日本提出的请求权相互抵消的提案，日方不仅没有撤回对韩财产请求权，反而为日本侵略朝鲜进行辩护。日方首席代表久保田贯一郎口出狂言道："日本对韩国的占领，使韩国在许多方面得到实际利益，假设不是日本'合并'韩国而是其他国家侵略韩国的话，韩国民众将会陷入更为悲惨的境地。"[②] 久保田的发言反映了日本对历史认识的问题，含有肯定日本殖民统治的内容，因此遭到韩方的严厉驳斥。虽然事后日方公开宣布久保田的发言并不代表日本政府的立场，但韩方却坚持认为这不是他个人的言论，而是体现了日本政府对韩国的本质性认识，并要求日本撤回久保田的错误言论，韩国对日本的疑虑加重，双方关系日渐恶化。

除此之外，渔业纠纷也是影响韩日会谈进程的重要障碍。1952年1月18日，韩国国务院14号通告发表了《对邻接海洋的主权宣言》，韩国总统李承晚称为了宣示海洋主权范围及保卫当地的水产物，单方面在韩日两国之间的日本公海海域上划定一条界限，即"和平线"，也称为"李承晚线"。"和平线"距离韩国海岸线50—60海里，包括独岛（日本称为"竹岛"）和公海上的一定水域，并明确规定禁止日本渔船进入该水域。[③] 韩方称这一主权宣言的目的是：第一，保护渔业资源；第二，防止韩日间的渔业纷争；第三，保护领海和大陆架资源；第四，缔

① ［韩］朴镇希：《韩国的对日政策和第1次～第3次韩日会谈》，首善史学会，史林（成大史林），2006年。

② ［韩］金勇植：《黎明的约定》，金英社，1994年，第201—202页。

③ ［韩］朴镇希：《韩国的对日政策和第1次～第3次韩日会谈》，首善史学会，史林（成大史林），2006年。

结韩日渔业协定等。[①] 韩国宣布"和平线"后，立即招致日方的强烈反对，其理由可以概括为三点：第一，韩国在公海上扩大主权，图谋领海扩张；第二，是韩国单方面的措施；第三，是对日本领土"竹岛"的侵犯。[②] 对此，韩方强调日本所谓的"领海扩张说"是对韩国的误会和歪曲，并声明"和平线"不是日本舆论所宣扬的"领海扩展主权宣言"，而是对渔业保护水域的管辖权宣言。[③] 同时，韩国无视日本政府的抗议，从1952年开始捕捉进入"李承晚线"的日本渔船渔民，至1965年韩日邦交正常化，韩方捕获的日本渔船共233艘，船员渔民达2791人之多。[④]"和平线"一直是影响韩日会谈进程的重要障碍。

第三次韩日会谈破裂后，直至1958年才得以复会，韩日会谈中断了近5年。在此期间，东北亚形势发生了很大变化。中国的社会主义建设蓬勃发展，朝鲜经济建设得到恢复。为了在东北亚地区构筑包围中国、遏制亚洲社会主义发展的坚固堡垒，美国急欲推动韩日改善关系。1957年12月，日本政府正式撤销对韩国的请求权以及久保田发言，着手改善日韩关系。1958年4月，第四轮韩日会谈在中断近5年之后重新恢复，然而双方仍然就如何处理日本在朝鲜半岛的财产与"和平线"问题争执不下。1960年4月，韩国人民发动起义，李承晚政府垮台，会谈再度中断。

李承晚执政时期共举行了4次韩日会谈，但都失败了。对于韩日会谈失败的原因，韩、日、美三方的说辞各不相同。韩方认为，日本对韩国无理的财产请求权、久保田发言等企图掩盖其殖民统治罪行的错误思想，使日本对韩日会谈没有诚意。相反，日本则认为李承晚不合理和非

---

① 转引自［韩］朴镇希：《韩国的对日政策和第1次～第3次韩日会谈》，首善史学会，史林（成大史林），2006年。

② ［韩］《独岛关系资料集（I）》，外务部，1977年，第3、6页。

③ ［韩］《东亚日报》，1952年1月27日。

④ 冯昭奎、刘世龙：《战后日本外交：1945—1995》，中国社会科学出版社，1996年，第291页。

理性的对日认识和态度，即“对日感情外交”使韩国过度主张对日财产请求权、宣布不合法的“和平线”等以战胜国自居的态度是问题的关键；美国作为韩日的共同盟国一直斡旋两国关系的改善，对于毫无成果的韩日会谈，美国也认为是李承晚的态度造成的。①

韩国经历“四月起义”后，尹谱善出任总统，建立了以张勉为首的民主党政权。张勉政权为克服韩国日益凋敝的经济状况，便摘下了李承晚时代的“反日”招牌，转而采取“对日接近”政策。② 1960 年 10 月开始了第五次韩日会谈，但双方始终停留在围绕会议优先讨论事项的预备会议阶段。1961 年 5 月 16 日，朴正熙发动军事政变，韩日会谈也因此被搁置下来。

朴正熙上台后，不断向日本发出改善关系的积极讯号，为韩日会谈和两国关系正常化带来了希望。上台后不久，朴正熙访问美国归来途经日本，向日方表达了希望实现关系正常化的意愿，并表示不再做赔偿性质的财产请求权及灵活处理“和平线”。在当时的情况下，朴正熙政府积极谋求韩日关系改善主要基于两个层面的考虑。③ 第一，安全层面。在冷战体制和朝鲜半岛南北双方政治、军事对立的情况下，韩国需要与美国和日本确立协作体制来共同应对朝鲜、中国、苏联强大的军事同盟。第二，经济层面。20 世纪 60 年代初，韩国经济处于崩溃的边缘，国内形势动荡不定，为确立权力的正统性，朴正熙急需发展经济。1962 年韩国开始实行第一个“五年经济发展计划”，而这一时期美国对韩国的援助却不断减少，韩国经济发展受到严重影响。为获取发展经济建设所需要的资金，朴正熙对韩日会谈极为重视。

日本也希望韩日会谈早日成功。1960 年以来，随着日本经济的高

---

① ［韩］朴镇希：《韩国的对日政策和第 1 次 ~ 第 3 次韩日会谈》，首善史学会，史林（成大史林），2006 年。

② 信夫清三郎：《日本外交史（下册）》，商务印书馆，1980 年，第 836 页。

③ （韩）崔东熙：《冷战后的韩国外交政策》，社会文化研究所，1998 年，第 105 页。

速增长，日本垄断资本开始积极寻求海外发展，急需向韩国扩张资本和销售剩余产品。同时，日本为在美国的东亚安全政策中发挥重要作用，积极谋求与韩国改善关系。1964 年 11 月，佐藤荣作当选日本首相，其上任第二天就表示将解决日韩建交问题，表示出日本对韩国关系的重视。

与此同时，由于深陷越南战争，美国开始公开施加压力以促进日韩会谈。关于美国的压力，《日本外交史》指出："1965 年确实是一个分水岭。在这时，美国陷入了越南战争的泥沼，为了保卫美元，开始削减对南朝鲜这样国家的对外'援助'。为分担这一地区的维持秩序费用，便对日本施加了相当大的压力。"美国"强烈要求促进长达 13 年之久、一直处于跛行状态的汉城—东京间的正常化会谈"。①

在这种情况下，自 1961 年 10 月—1964 年 12 月，韩日双方举行了第六轮、第七轮会谈，重点解决两国间悬而未决的问题。

首先，在财产请求权问题上达成协议。1962 年 10 月，朴正熙派金钟泌同日本外相大平正芳会谈，韩国在财产请求权问题上做出很大的让步，双方确立了以经济合作方式解决请求权问题的框架，即《金—大平正芳秘密备忘录》，突破了韩日谈判的主要障碍，为最终实现韩日邦交正常化开辟了道路。

其次，在渔业问题上，韩国主张 40 海里的领海主权，日本则主张 12 海里的领海主权。1965 年 3 月 2 日，两国农相在东京举行渔业谈判，鉴于双方有意按国际法的一般原则和国际惯例处理两国分歧，影响该问题解决的"李承晚线"等于已经废除。② 尽管谈判未达成协议，但基本上消除了两国邦交正常化的一个障碍。

最后，在第七次韩日会谈中，对于韩日旧条约的无效性和韩国政权

---

① 信夫清三郎：《日本外交史（下册）》，商务印书馆，1980 年，第 854—855 页。

② 曹中屏、张琏瑰：《当代韩国史（1945～2000）》，南开大学出版社，2005 年，第 286 页。

的合法性问题，双方意见分歧较大。关于韩日旧条约的无效性问题，韩国方面从一开始就主张在条约中写明“无效”；日方则认为韩国独立前有效，现在已经无效。关于韩国政权的合法性问题，韩方坚持自身为朝鲜半岛的唯一合法政府，日方则主张采取“限定承认”方式，只承认韩国对朝鲜半岛38度线以南部分的管辖权，最后双方以妥协的方式解决了上述问题。

韩日谈判最后仍没有解决的是独岛归属问题。韩方坚决主张独岛是韩国固有领土，没有谈判的余地；日方则主张该岛屿为日本所领有，只是因为1952年1月韩国宣布“和平线”时，将该岛划入“线”的内侧，才被韩方以实力占据。对于该岛的主权归属，韩日双方至今仍各执己见，尖锐对立。

如上所述，由于韩日双方国内政治经济的需要，加之美国的极力推动，韩日就双方存在的主要问题均达成协议或妥协。1965年2月17日，韩日两国终于结束了长达14年之久的“马拉松”式的韩日会谈，签订了《大韩民国与日本国之间的基本关系条约》（简称《韩日基本关系条约》，该条约于1965年2月草签，6月正式签署）及相关协定，两国实现了邦交正常化。相关协定包括《关于旅日朝鲜侨民法律地位和待遇的协定》《韩日渔业协定》《韩日关于解决对日财产请求权和经济合作的协定》和《韩日关于文物及文化合作协定》。

《韩日基本关系条约》全文共7条：（1）缔约国双方建立外交和领事关系，两国互设领事馆并互派大使级外交使节；（2）确认大韩民国与大日本帝国在1910年8月22日及其以前缔约的一切条约和协定已经无效；（3）确认大韩民国政府是联合国大会第195号决议明示的朝鲜唯一的合法政府；（4）两国今后本着《联合国宪章》的原则处理相互关系，增进两国利益；（5）两国将尽快举行关于贸易、海运以及其他商务关系的谈判，签订有关条约或协定；（6）两国将尽快举行民间航空运输的谈判，签订有关条约或协定；（7）两国应尽快在汉城完成批准换文手续，并声明此条约自条约和换文签署之日起生效。①

根据两国关于《请求权及经济合作协定》的有关规定，日本分10年向韩国无偿提供相当于3亿美元的“日本国产品及劳务”；分10年向韩国提供2亿美元的长期低息贷款，用于韩国从日本购买所需之“日本国产品及劳务”；日本政府同意早日促成3亿美元以上的民间经济合作，从而完全彻底解决两国及两国人民（包括法人）之间存在的财产请求权问题。

《韩日基本关系条约》的签订是韩日关系发展中的重大事件，韩国借助上述条约和协定得到日本大量的经济援助，使韩国的经济基础得到强化，迈出了从经济上摆脱美国的第一步，对韩国后来的经济发展产生了重大影响，但是韩日建交谈判对历史问题的回避，为其后两国关系的发展留下了无穷后患。与此同时，《韩日基本关系条约》的缔结密切了韩、美、日之间的战略关系，加之美日安全条约的存在，美日韩三边安全合作得以加强，冷战时期韩国的东北亚政策也紧紧局限在韩美日三边协调体制框架内。

第二节　建交后两国经贸关系的发展

韩日关系正常化以后，在许多领域开展了广泛的交流。对于以出口主导经济飞跃发展的日本而言，韩国是最具魅力的市场；而对于急于发展经济且技术和资金匮乏的韩国来讲，也需要日本的支持。在这种形势下，双方经济往来频繁，日本的商品、资金及技术源源不断地涌入韩国，也给韩国带来了直接的经济利益。

---

① ［韩］宋永佑：《韩国外交·韩日基本关系条约》，平民社，2000年，第394页。

1966 年 5 月，韩国副总理张荣基访日并同佐藤首相会面，双方决定定期召开韩日经济阁僚恳谈会。1967 年 3 月，丁一权总理访日，双方商定将韩日经济阁僚恳谈会升级为韩日定期阁僚会议，每年举行一次，积极推动了两国间的经济合作与交流。同年，第一次韩日定期阁僚会议召开，促进了两国关系的发展。据统计，1965—1979 年间，日本对韩直接投资 6.21 亿美元，与此同时，韩国得到日本政府贷款 11.3 亿美元、商业贷款 24.23 亿美元，其总数占韩国“一五”计划（1962—1966 年）所需外资 6.309 亿美元的 29%，“二五”计划（1967—1971 年）所需外资 28.589 亿美元的 19.3%，“三五”计划（1972—1976 年）所需外资 33.06 亿美元的 30% 左右，日本的政府贷款和商业贷款总共达 35.53 亿美元之多。[①] 日本的先进技术和管理经验随着投资和贷款进入韩国，对韩国现代化起到举足轻重的作用。

韩日建交带动了两国经贸关系的发展。1965 年韩日建交时，两国进出口贸易总额为 2.1 亿美元，其后逐年增长，到 1979 年突破了 100 亿美元，双边贸易额增长了近 50 倍。[②] 进入 20 世纪 90 年代继续猛增，1994 年达到 378 亿美元，韩日进出口额的 40% 以上来自日本，韩国对日出口占其出口额的 30%。至 80 年代，日本已经成为韩国的第一大贸易伙伴国，韩国则成为日本的第三大出口市场。[③]

表 3—1　韩国对日贸易额（1975—1995）（单位：千美元）

年份	输出	输入
1975	1292904	2433603
1976	1801554	3098694

① ［韩］崔东熙：《冷战后的韩国外交政策》，社会文化研究所，1998 年，第 226 页。

② ［韩］俞永玉：《对韩国外交关系的理解》，弘益斋，2006 年，第 286 页。

③ 冯昭奎、刘世龙：《战后日本外交：1945—1995》，中国社会科学出版社，1996 年，第 302 页。

续表

年份	输出	输入
1977	2148287	3926576
1978	2627266	5981487
1979	3355028	6656699
1980	3039408	5857810
1981	3444126	6373553
1982	3314444	5305295
1983	3357530	6238328
1984	4602187	7640063
1985	4543434	7560389
1986	5425746	10869306
1987	8436757	13656626
1988	12004069	15928766
1989	13456797	17448627
1990	12637879	18573851
1991	12355839	21120216
1992	11599454	19457650
1993	11564418	20015519
1994	13522860	25389988
1995	17048871	32606368

资料来源：韩国贸易协会:《贸易统计》(1989 年、1990 年、1996 年)。

随着两国经济关系的加深，韩国经济对日本高度依赖，双边贸易的不平衡现象也日益严重，这主要表现在韩国对日贸易长期处于巨额逆差。从表 3—1 中可以看出,① 1975—1995 年韩国对日贸易一直处于逆差，特别是从 1990—1993 年开始，韩国对日输出开始明显减少，而同时日本对韩输入却大幅增加，结果导致韩国对日贸易赤字大幅上升。

① 韩国贸易协会:《贸易统计》(1989 年、1990 年、1996 年)。

1989 年韩国对日输出 134. 56 亿美元、1990 年对日输出减少到 126. 37 亿美元、1993 年持续减少到 115. 64 亿美元。而与此相反，日本对韩贸易输入却逐年增长，1989 年 174. 48 亿美元，1990 年增至 185. 73 亿美元，1993 年增至 200 亿美元以上，结果造成韩国贸易赤字剧增，1990 年 60 亿美元以上、1991 年 87 亿美元以上、1994 年 117 亿美元以上、1995 年 156 亿美元以上。这些数字表明，随着韩日贸易规模的扩大，韩国对日逆差规模也呈现出增加的趋势。与此形成鲜明对比的是，1994 年日本对韩贸易盈余首次突破 100 亿美元大关。这主要是由于日本将对韩贸易的收入以政府贷款形式借给韩国，韩国再以贷款购入日本商品，使日本通过这种循环方式牢牢地控制和操纵韩日贸易，连连赢利。

表 3—2　日本对韩直接投资状况（单位：百万美元）

1993 年	1994 年	1995 年	1996 年（1—5）	
电子业	286	428	418	114
制造业	98	122	260	82

资料来源：［韩］通商产业部：《通商产业白皮书》，1996 年，第 132 页。

为改变这种贸易不平衡的状态，韩国一方面调整产业结构，另一方面敦促日本在技术转让方面采取更加积极、主动的态度。建交后，韩国从日本引进大量技术，占其总技术引进的 40% 左右，引进资金占其总额的大约 30% 。1960—1991 年日本对韩直接投资项目为 2179 项，1988 年韩国引进日本技术 354 项，达到技术引进的最高点，以后呈逐年下降趋势。① 从表 3—2 中可以看出，1993 年日本对韩电子业投资 2. 86 亿美元，制造业 0. 98 亿美元；1994 年电子业和制造业共 5. 5 亿美元；1995 年电子业 4. 18 亿美元，制造业 2. 6 亿美元，共计 6. 78 亿美元。这意味着，

① ［韩］崔东熙：《冷战后的韩国外交政策》，社会文化研究所，1998 年，第 226 页。

随着日本对韩直接投资额的增加，资金更多地转移到高科技领域。①

1992 年日本宫泽首相访问韩国时，为推动日本向韩国转让技术，韩方强烈要求成立“韩日产业科学技术振兴财团”。韩国认为，只要不改变依靠日本的生产资料和半成品的产业结构，就不能消除对日贸易赤字。因而，韩国以推动日本向韩国转让技术作为解决对日贸易不均衡的手段，并给予充分的重视。为此，韩国提议日本和韩国分别出资 1.5 亿美元和 0.5 亿美元，成立“韩日产业科学技术振兴财团”。而日本则以由政府出资成立财团存在制度上的困难为理由，称对该项计划不感兴趣。在技术转让方面，两国对政府能够发挥的作用所持的见解也不相同。韩国认为，日本政府和民间企业关系密切，所以期待着日本政府能够指导民间企业对韩国进行技术转让。而日方则认为，技术转让是民间企业的问题，政府无权干涉。②

贸易不均衡是韩日经济关系中存在的最大问题，在很长一段时间里，韩日两国政府都将其视做经济结构问题而一直没有给予妥善解决。卢泰愚政府时代为了调整韩日贸易不平衡的状态，大张旗鼓地制订并实施了具体计划，结果不但没有解决贸易逆差问题，反而造成对日贸易输出大幅度减少。金泳三政府时期，由于朝鲜半岛核问题的羁绊，对于韩国强烈要求改变双方贸易不平衡状况、减少贸易赤字的问题，日本也没有给予足够的重视。1996 年韩日济州岛首脑会谈期间，双方始终以解决朝鲜核问题为中心，基本没有提及贸易问题。所以韩国对日贸易赤字一直伴随着双边经济关系的发展，但是韩日两国互为重要的贸易伙伴关系，相对来讲，经济交流一直进行得比较顺利。

相对于蓬勃发展的双边经济交流来讲，韩日关系在政治、安全领域却相对滞后。20 世纪 70 年代，由于“金大中绑架事件”和“文世光事

① ［韩］《通商产业白皮书（1996）》，通商产业部，1996 年，第 132 页。
② ［日］冈谷直明、宋朝晖：《日韩贸易现状》，《世界经济科技》1992 年第 20 期。

件”的影响，建交初期的韩日“蜜月关系”一度陷入紧张状态，而且两国既不举行正式的高级别会谈，也不建立正规的政治对话渠道，一直摩擦不断，并曾数次以中断经济关系相互威胁，在朴正熙时代韩日关系都未恢复到20世纪60年代后期的水平。

进入20世纪80年代，以1983年日本首相中曾根康弘“闪电式”访韩以及1984年韩国总统全斗焕访日为契机，韩日关系开始出现升温的迹象，双方相继高唱“战后日本在职首相第一次访问韩国”具有重要的“历史意义”，以及“历史上第一位正式访日的韩国国家元首”标志着双方关系“发展到一个新阶段”，但韩日建交将近20年两国总统才进行互访的“奇特现象”也反映出韩日政治交流明显落后于经济往来的密切程度。然而，韩日政治关系的发展并未因两国领导人的互访而发生根本改观，20世纪80年代发生的日本文部省歪曲侵略韩国历史的两次“教科书问题”，以及日本国内各级政府机构不时做出的伤害韩国国民感情的举动，不断引发两国间关于历史问题的摩擦。

冷战时期的韩日关系，其政治关系的发展明显落后于经济关系的密切程度，韩日因特殊的历史原因，加之两国对于历史清算问题并没有达成实质性协议，所以两国关系的发展面临一定的局限性。特别是韩国民众的反日情绪在一定程度上限制了韩国政府全面广泛地促进对日关系的发展，由于历史问题的障碍，韩日文化交流迟迟未能走上正轨，致使建交30余年，韩国始终没有对日开放文化市场，直到1998年金大中总统上台后全面调整对日关系，这种状况才得以改善。

第三节　冷战后若即若离的韩日关系

冷战结束前后，韩日双方最高首脑频繁互访，双方均将发展新形势下的新型双边关系作为自己外交政策的重要组成部分。面对世界格局转换的历史机遇，韩国积极调整对日政策，努力构建新形势下的韩日关系。1990 年卢泰愚总统发表的《世界中的新韩日关系》演说和金泳三总统所主张建立的“面向 21 世纪的韩日关系”，正是在新的对日政策脉络上提出的。但是，两国关系发展得并不顺利，在历史问题、“慰安妇”问题、双边经贸摩擦、日朝谈判等问题上分歧逐步扩大，几度激起韩国民族主义情绪的高涨。20 世纪 90 年代中期以后，日本政治右倾化严重，阁僚接连在历史问题上大放厥词，美化侵略战争，这进一步损害了原本就脆弱的韩日关系。两国关系在卢泰愚、金泳三两届政府时期非但没有前进，反而出现一定程度上的倒退。1996 年 2 月，两国就“独岛”（日本称“竹岛”）归属问题发生的严重争执，又给两国关系带来了新的裂痕。翌年，亚洲金融危机爆发，到 1998 年初韩国的金融危机已发展为全面的经济危机，韩国正经历着“朝鲜战争以来最大的一次国难”。

一、金大中上台执政与韩日短暂的“蜜月时期”

在韩国面临历史上空前严重的金融危机的非常时刻，1998 年 2 月金大中上台执政。金大中政府对金泳三政府时期的对日政策进行调整，扭转了受历史问题和冷战思维左右的韩日关系。同年 2 月 25 日，金大中总统在就职典礼上发表题为《开辟克服困难和再次飞跃的新时代》的演说，指出本届政府是“依靠国民的力量形成的真正的‘国民政府’”。金大中接管政权以后，在内政、外交方面实行了一系列的改革，而修复“荒废了的韩日关系”则是金大中对外政策的核心课题之一。①

① 姜龙范：《韩日“新型伙伴关系”：评估和展望》，［韩］《韩国东北亚论丛》2007 年第 4 期。

在金大中政府初期，韩日双方在解决渔业纠纷、加强经济和安全合作方面都有了实质性进展。为进一步发展两国关系，1998 年 10 月 7 日金大中总统对日本开始了为期 4 天的正式访问，这对加强韩日关系起到了重要作用。在访问期间，双方签署了《面向 21 世纪的韩日新型伙伴关系共同宣言》。在共同宣言中，日本就过去的殖民统治向韩国做书面反省和道歉，金大中总统则表示今后不再提历史问题，从而使两国首次以文件的形式“清算”了过去的历史，翻开了韩日关系史上“新的一页”，“标志着两国关系迎来了一个转折点”。至此，韩日关系终于迎来了历史的和解。两国宣布建立新的国家关系，即“新型伙伴关系”。

关于“韩日新型伙伴关系联合宣言”的内容，有学者将其概括为以下几个方面：[①] 第一，韩日双方确认，在相互理解和信赖的基础上，建立面向 21 世纪的稳定的睦邻友好关系；第二，日本首相对日本过去的殖民统治给韩国人民造成的损失和痛苦表示痛切的反省和由衷的道歉，韩总统认为日首相对历史认识十分真挚，表示双方应超越不幸的历史，在和解、和睦、友好的基础上向前看，发展面向未来的关系；第三，双方都认为应该加强联合国的作用；第四，双方认为应通过对话等建设性方式推动朝鲜半岛的和平与稳定，同时表示共同维护 1994 年美朝签订的核框架协议；第五，双方对朝鲜发射导弹表示担心和遗憾，并表示对此不能放任不管；第六，韩总统称赞日本对韩的经济支援，日首相则表示继续支持韩克服经济困难。

此外，在联合宣言的附件《行动计划》中，两国商定今后将在经济、政治和安全领域进行合作。具体包括：每年举行首脑会谈；召开内阁成员恳谈会；扩大防卫交流；实施日本对韩国提供 30 亿美元的优惠贷款；为成功举办 2002 年世界杯足球赛互相合作；扩大青少年、学术

---

① 高连福：《构筑新型国家关系——从韩日建立伙伴关系谈起》，《当代亚太》1999 年第 7 期。

和文化交流，韩国承诺向日本开放文化市场。

这次金大中调整对日政策的幅度较大，尤其是韩国解除了实行53年的对日本大众文化的禁令，有选择地允许日本歌曲、电影等通俗文化进入韩国市场，并在官方文件中取消“日帝”、“日王”等称呼，而改称“天皇”，这对韩日关系的改善产生了积极影响。韩国还拟邀请日本天皇出席2002年韩日共同主办的世界杯足球决赛开幕式。韩国得到了日本30亿美元的贷款，解决了韩国经济危机的燃眉之急。1997年开始受亚洲经济危机的影响，韩日贸易大幅度减少。随着1999年韩国经济逐渐复苏，韩日双边贸易回升较快，2000年韩日贸易额为513.57亿美元。其中，日本出口308.21亿美元，进口205.36亿美元。韩国在日本的出口中居第四位，进口中居第三位。[①] 2000年3月18日，日本文部科学省大臣中曾根文弘访问韩国，实现了二战后日本文相首次访韩。但也应看到，历史的成见在韩国国民心中已根深蒂固，这有可能成为韩日未来摩擦的根源。

进入21世纪的第一个年头，“面向21世纪的韩日新型伙伴关系”就严重受挫。2001年4月，日本文部科学省审查并通过了日本右翼成员撰写的中学历史教科书（以下简称“新历史教科书”）。“新历史教科书”高度评价和美化了日本帝国主义的侵略战争和对韩国的殖民统治，恶意歪曲韩国的历史，甚至以强调韩国历史的劣性来证明日本历史的优越性。此举在韩国激起了极大的愤怒，韩日关系急转直下。2001年5月8日，韩国政府向日本政府递交了要求重新修改“新历史教科书”的备忘录，即修改其中的25项内容和已有的7种教科书中的10项内容。[②] 然而，日本政府对韩国的强烈要求置之不理，甚至说韩国政府的行为是“干涉内政”，并且这种责难的腔调越来越高。为此，韩国方面予以强烈抗议。

① 金熙德：《韩日关系的定位、调整和近期走向》，《当代韩国》2001年秋季号。
② 郑在贞：《日本历史教科书问题与韩日关系展望》，《当代韩国》2001年秋季号。

在“历史问题”的阴影下，韩日关系的发展严重受阻。2001 年 7 月 12 日，韩国政府公布了停止开放日本大众文化的对抗措施，包括停止开放日本文化的进程，禁止销售日语歌曲唱片，暂停两国间学生、教师交流，韩国各地方政府和民间的对日交流窗口也纷纷暂停和推迟了对日交流活动。为了抗议日本政府在历史问题上出尔反尔的恶劣行径，韩国政府还召回了驻日大使，两国关系出现了严重倒退。与此同时，小泉纯一郎上台执政后连续参拜靖国神社，又把韩日关系进一步推向了针对“历史问题”不断摩擦的深渊。

2002 年 6 月，韩日共同举办世界杯足球赛事，这不仅是世界杯历史上的首创，同时对于改善两国关系来说也是千载难逢的机会，两国政府都给予了高度重视。为了韩日关系迅速恢复和发展，在世界杯开幕期间，两国政府刻意安排日本天皇的弟弟高元宫夫妇访问韩国、小泉首相前往汉城观看开幕式，以及金大中总统访日并参加世界杯闭幕式等高层互访活动，展开积极的“足球外交”。双方认为，本次共同举办世界杯是 21 世纪韩日关系中具有纪念意义的事件，其最大的成果是韩日两国增进了友好睦邻关系。[①]

金大中执政的 5 年来，韩国实施积极的对日政策。韩日新型伙伴关系建立的同时，双方在经济、政治、安全、文化等领域全面改善关系，加强了交流与合作，韩日关系取得了一定的进展，但两国关系饱受历史问题的困扰，仍然存在不少问题。可以说，进展与矛盾并存，韩日两国需要合作也需要越过历史积怨等合作的障碍。

二、卢武铉上台执政与韩日关系的退潮

卢武铉 2003 年 2 月上台后，继承了金大中政府时期的对日政策，

① 管克江：《日韩开展足球外交》，http：//www. people. com. cn/GB/guoji/24/2. 0020702/766514. html。

继续推进“韩日新型伙伴关系”向前发展。卢武铉承诺，在其任期内不再向日本正面提及“历史问题”，不再把其作为影响两国关系的因素，表明了卢武铉政府回避双方在历史问题上的分歧，加速了对日政策调整的立场。同年6月，上任刚过百天的卢武铉总统对日本进行了正式访问，这是他继美国之行后的第二次出访，显示了日本在韩国外交战略中的重要地位。卢武铉此次访日，最根本的目的是推动韩日两国建立新型伙伴关系。① 在主要行程中，卢武铉突出强调韩日两国建立新型合作伙伴关系的重要性和必要性，得到日方的回应和共鸣。两国领导人将今后的韩日关系定位为旨在建立和平与繁荣的东北亚时代的伙伴关系。《韩日首脑共同声明》的签署具有重要意义，一方面将两国关系定格为构筑旨在开辟和平与繁荣的东北亚时代的韩日关系的基础。这表明，韩日合作要扩大并影响到东北亚地区。与此同时，为振兴韩国经济，把韩国建成东北亚中心国家，卢武铉重视与日本的经贸合作。卢武铉访日期间反复敦促日本扩大对韩投资，开放市场，减少两国间的贸易不平衡，韩日首脑同意为两国签订自由贸易协定做准备。另一方面，《韩日首脑共同声明》显示，韩日两国超越了政治上的障碍，为今后韩日关系的发展确定了新的基调。②

此后，通过小泉访韩（2004年7月）和卢武铉再次访日（2004年12月），两国领导人就朝核问题、建立首脑不定期会晤机制及两国尽快签署自由贸易协定等问题达成了共识，韩日关系发展相对平稳。

2005年适逢韩日建交40周年，为了使韩日关系获得进一步发展的契机，双方决定将2005年定为“韩日友好年”，并安排了一系列的双边交流活动。然而，事与愿违，这一年没有带来韩日关系的和平友好，两国关系急转直下，而这场危机的导火索是“独岛”领土争端的爆发，

---

① 张锦芳：《卢武铉为韩日关系称分量》，《瞭望新闻周刊》2003年第6期。
② 张锦芳：《卢武铉推行对日务实外交》，《中国民族报》2003年6月8日。

领土争端使韩日关系再次滑向历史问题的深渊。同年3月16日，日本岛根县议会不顾韩国方面的强烈抗议，强行通过了“竹岛日”条例提案，正式把2月22日定为“竹岛日”，并坚持“竹岛是日本固有领土”的立场。韩国对此反应强烈，引发了各地各界人士的抗议活动，独岛（竹岛）争端使两国国民几乎翻脸成仇，改变了韩日关系的走向。3月17日，韩国国家安全保障委员会推出对日关系新原则，调整当前韩日关系，提出“日本必须清算侵略历史”，“只有得到邻国信任才能得到尊重”等内容的“四大新方针和五点对策”。3月23日，韩国总统卢武铉发表了《关于韩日关系告全国国民书》，呼吁韩国国民不惜牺牲经济代价准备同日本打一场“持久战”。他在告全体国民书中指出：“这可能是一场艰苦的外交战争，可能会使各部门的交流减少并带来经济困难，但我们决心用双肩承担这些困难。为了国家，再大的困难也要克服。”①但是，日本方面步步紧逼，两国关系急剧恶化。4月5日，日本文部科学省召开记者招待会，公布了对下一年度春季开始使用的新教科书的“鉴定”结果，通过了日本右翼团体“新历史教科书编撰会”编写的《新历史教科书》，并宣称日本对“独岛”拥有主权。4月和7月，韩日在有争议岛屿及其周边海域进行捕鱼和勘测问题上出现了两次剑拔弩张的紧张局面，甚至出现了日本巡逻艇追捕韩国渔船而两国警备艇对峙的严重事件，加之日本首相小泉不断参拜靖国神社，历史与现实问题错综交错，双方首脑会晤中断，军事文化交流停滞，自由贸易谈判也被迫搁浅，韩日关系陷入建交40年来的最低点。

面对日本咄咄逼人的进攻态势，韩国政府别无选择，只能做出强硬回应。2006年4月25日，卢武铉再次就韩日关系发表“特别讲话”，指出“独岛问题不仅仅是一个小岛的主权问题，而是象征着清算对日关

① 高科：《愤怒和冲突背后的博弈——2005年中日、韩日关系中的全面较量》，《东北亚论坛》2006年第2期。

系中的错误历史和完全确立国家主权的问题，是应该公开、堂堂正正地进行应对的问题”。面对可能出现的武力挑衅行为，他说“我们将强硬、坚决地予以应对”。至于日本领导人的道歉问题，他“正告日本国民及其领导人：我们不会再要求日本做出新的道歉，我们要求日本拿出实际行动”。[①] 这表明，捍卫“独岛”已不仅仅是单纯捍卫独岛本身的问题，而是捍卫整个朝鲜半岛的民族历史和韩国国家主权的问题。

2006 年 10 月 9 日，刚刚上任不到两周的安倍首相对中韩两国进行了堪称“破冰之旅”的闪电式访问。但是，安倍访韩后，韩日首脑每年定期会晤机制并未恢复。卢武铉总统不仅拒绝了访日和举行首脑会谈，韩国国会还通过了《关于查明日占时期亲日反民族行为真相的特别法》，并决定成立专门机构。截至 2007 年 9 月，韩国政府已没收 22 名亲日派成员的地产，共 543 处，面积达 329.361 万平方米，市价为 730 亿韩元。[②] 可见，韩国国内的反日情绪是根深蒂固的。

卢武铉执政期间，韩日之间因领土问题（独岛/竹岛）和历史问题（教科书歪曲历史）等分歧而关系恶化，自 2005 年独岛争端爆发后，卢武铉再也没有访问过日本。

三、李明博上台执政与韩日关系的乍暖还寒

2007 年 12 月 19 日，韩国总统大选结束，在野的大国家党候选人李明博以较大优势胜出，当选第 17 届韩国总统。在外交方针上，李明博奉行“有原则的实用外交”，开创了韩国实用主义外交的新时代。

李明博当选总统后多次公开表明，他将寻求与日本建立一种“成熟的关系”，并向日本表示了积极改善两国关系的态度。在韩国反抗日本

---

① 《卢武铉总统就韩日关系发表特别讲话》，《当代韩国》2006 年夏季号。

② 《韩国没收皇族李海升等亲日派 410 亿韩元财产》，http：//world. people. com. cn/BIG5/1029/42354/6565488. html。

殖民统治的“三·一运动”纪念大会上，李明博强调：“韩日关系必须以实用主义为基础，开启面向未来的新时代。我们不能回避历史，但我们更不能固步自封地局限于过去。”[①] 对于长期困扰两国关系的历史问题采取淡化处理的姿态，预示着韩日关系的交好和接近。

2008 年 2 月 25 日，日本首相福田康夫亲自出席李明博总统的就职仪式，福田也是东北亚四强国家中唯一到访的首相，并在青瓦台同李明博举行了就职后的首次韩日首脑会谈。李明博总统提出了“实用主义”外交战略，将韩日关系放到仅次于韩美战略同盟关系的重要地位，韩日两国就恢复两国首脑每年互访一次的“韩日穿梭外交”达成协议，作为恢复“穿梭外交”的第一步，福田邀请李明博早日访问日本。

2008 年 4 月 21 日，作为践行“实用主义”四强外交的第二站，李明博结束访美后访问了日本，这是韩国总统近 4 年来首次访问日本。李明博对日本的访问取得了三点成果。政治上，为构筑“韩日新时代”，将两国关系提升为“成熟的伙伴关系”。经济上，两国决定重启自 2004 年 11 月以来一直处于停滞状态的韩日自由贸易协定（FTA）谈判。2007 年韩国对日贸易逆差将近 300 亿美元，为了改善这种状况，两国就扩大日本对韩投资、在韩设立零部件和原材料产业园、减轻韩日贸易逆差等问题达成共识，争取经济上的“共赢”。历史问题上，李明博一再强调“不能被过去束缚，也不会让它影响我们走向未来”，“虽然有过荣辱的历史，但应该面向未来”。[②]

韩日成熟伙伴关系的建立，标志着近几年来因独岛和历史问题而疏远的两国恢复了关系，给人以“韩日新时代”到来的印象。日本右翼媒体也“大喜过望”，称赞李明博是多年来难得的“第一位亲日的韩国总统”，并预料他将务实推进韩日外交，韩日关系可望“由冷转暖”等

① 方秀玉：《李明博想超越韩日关系历史》，《世界知识》2008 年第 4 期。

② 朱庸中：《韩日两国面向未来建立成熟伙伴关系》，《朝鲜日报》2008 年 4 月 22 日。

等。然而，历任韩国总统都曾在执政初期承诺超越韩日历史问题，结果都不成功，这几乎成为两国关系的规律。① 虽然李明博总统表明想超越韩日关系的历史，不希望历史问题和领土问题影响整个双边关系，并一再强调“日本应正视历史，绝不能再做出重演不幸历史的愚蠢举动”。② 而且，面对全球金融危机爆发、朝核问题等共同挑战，他也积极与日本的福田政府、麻生政府、野田政府谋求加强合作，但是独岛争端、“历史教科书”问题以及“慰安妇”问题等历史认识问题仍然阻碍着李明博改善韩日关系的步伐。

独岛争端使韩日关系转冷。李明博总统访日后不久，2008 年 7 月 14 日日本文部科学省公布的《中学教科书指导手册》中将“独岛”表述为日本领土，这是日本首次在中学教科书指导手册中采用这种表述。日本 NHK 电视台当天的报道称：“与北方领土问题相同，（日本政府）决定在手册中加入使学生加深对日本领土及领域了解的内容。”③ 这实际上就是间接将“竹岛”称为其固有领土，日本政府此举，对执政后一直积极寻求改善韩日关系的韩国总统李明博来讲，无疑是当头一棒。消息传到韩国后，引发了韩国官方和民间的强烈抗议，韩国上下齐声声讨。李明博政府在对日本这一做法深表遗憾的同时，采取了外交抗议、临时召回驻日大使、追加独岛的开发和管理经费、在独岛增设中央政府派出机构并在独岛周边海域举行海空联合防卫演习等强硬对策，以展示“守护独岛”的强烈意志和充分准备。④ 与此同时，韩国民众也展开声势浩大的示威和抵制日货运动。由于独岛问题涉及领土主权、经济利益

① 《美日韩：若即若离的铁三角》，《中国新闻周刊》2008 年 4 月 28 日。

② 《李明博发表建国 60 周年演讲，劝诫日本正视历史》，http//world. people. com. cn/GB/7677075. html。

③ 《日本悄悄提前“领土教育”，韩动用一切手段“抗日”》，http//news. xinhuanet. com/world/2008 – 07/25/content_ 8765989. htm。

④ 《国际观察：韩日岛屿之争向何处去》，http：//world. huanqiu. com/roll/2008—07/1776 51. html。

和韩日历史纠葛，目前作为独岛实际控制方的韩国很难做出让步，而日本也不会轻易放弃对该岛的主权要求。7 月 15 日，日本强硬派一致主张“竹岛”是日本领土。日本的媒体也纷纷拥护政府的主张，日本 NHK 电视台当天报道说，日本政府决定向各所学校下达要求，在原计划适用新教科书的2012 年以前，将从明年起提前加强领土教育。[①] 由于韩日关系迅速恶化，两国已经有多项交流活动被取消、延期或缩小规模。韩国政府已经拒绝日本在东盟地区论坛会议期间举行韩日外长会谈的提议，而正在进行中的自贸磋商也遭无限期推迟。曾经因历史问题而矛盾重重的两国关系又起龃龉，李明博执政后刚刚回暖的韩日关系再遇严寒。在日本政府主张对独岛行使主权，韩日关系陷入僵局的情况下，2012 年 8 月 10 日李明博总统登上独岛，这是韩国总统首次登上独岛。历届韩国总统都坚持韩国拥有独岛的主权，但考虑到韩日关系，并没有造访独岛。李明博此举一是在韩日围绕独岛争议升温的情况下，以最强烈的姿态阻遏日本针对独岛提出的主权主张；二是对内显示对日外交坚持原则的形象，消除不久前韩国政府秘密批准《韩日情报交换协定》引发强烈批评的负面影响，提高国内的支持率。[②] 李明博登岛后，日本右翼团体在东京、大阪、名古屋等 8 个城市举行了示威游行，日本政府当天紧急召回日本驻韩国大使，并取消 8 月下旬在韩国举行的“日韩财务对话”，还声称要到国际法庭控告韩国。韩国政府不予回应，并称不会卷入日本的“独岛争端国际化”战略。

韩日围绕“慰安妇”问题的矛盾也逐渐升级。2011 年 8 月 30 日，韩国法院裁定，在韩日两国围绕慰安妇的赔偿请求权问题存在纠纷的情况下，韩国政府未努力解决这一问题，侵犯了受害者的基本权利，属违

---

① 《日本悄悄提前“领土教育”，韩动用一切手段“抗日”》，http：//news. xinhuanet. com/ world/2008—07/25/content_ 8765989. htm 。

② 《韩国总统登独岛宣示主权，韩日关系急剧降温》，http：//news. xinhuanet. com/2012 - 08/ 10/c_ 123565688. htm。

宪行为。自此之后，韩国政府加大力度在“慰安妇”问题上向日本施压，通过双边外交和国际舞台要求日本采取负责任的措施。2011 年 9 月 15 日，韩政府正式向日本提出，双方应就“慰安妇”问题进行磋商，但被日方拒绝。同年 10 月 11 日，韩日代表在联合国大会上再次就此问题展开交锋。这是韩国外交官自 1997 年以来首次在联合国会议上提出日本应当对“慰安妇”问题承担“法律责任”，表明其立场趋于强硬。日本政府坚称，早在 1965 年韩日签订经济协定时，就已经解决了包括“慰安妇”在内的战争赔偿问题。面对日本政府对于韩国政府提出的“慰安妇”赔偿请求权问题的置若罔闻，李明博搁置了原定于同年秋季的访日行程。2012 年 8 月，包括首相在内的日本政要纷纷强调，“至今没有书面材料以及旧日军人员的证言能够证实日军强征慰安妇的事实”。日本野田政府在“慰安妇”问题上立场的倒退，激起韩国朝野共同的愤怒，韩国计划继续推动向联合国及国际社会宣传解决“慰安妇”问题。

“历史教科书”问题使韩日关系雪上加霜。2012 年 8 月 5 日，日本政府文部科学省审定并公布右翼团体“新历史教科书编撰会”拟定的中学《新历史教科书》以来，韩国各界抗议日本歪曲历史的浪潮一直未息，使近年来本已十分冷淡的韩日关系雪上加霜。此外，冷战后，韩日都在追求政治经济大国地位和东亚的地区主导权，对于日本积极迈向政治大国、不断调整防卫政策、扩大军事影响等举动，韩国始终保持着高度警惕。

尽管李明博政府基于“实用主义”外交，一再“淡化”历史问题，强调两国“亲密的睦邻”，但历史问题和领土问题依然是横亘在韩日之间的最大障碍。因此，韩日要建立成熟的关系，要成为亲密的睦邻，还取决于韩日两国能否超越历史问题和领土纠纷而向前迈进。

第四节　龃龉不断的韩日军事关系

韩日分别在1953年和1951年与美国结成联盟。冷战时期，韩日同属以美国为首的西方阵营之中，作为美国东亚联盟体系中的两个核心成员国，在政治和安全上的共同利益使双方共同面对来自朝鲜的安全威胁和抵抗共产主义的侵略，两国的关系具有许多联盟性质的特征，形成了一种事实上的安全关系。韩日这种安全利益的一致性在1969年的《尼克松—佐藤宣言》中得到了确认。[①] 美日于1969年11月召开了尼克松—佐藤峰会，会后发表的《日美联合声明》中包含有著名的“涉韩条款”，即“大韩民国的安全对日本的自身安全至关重要”。与“韩国条款”一起签署的还有《冲绳基地协定》，该协定宣称：“在朝鲜发动第二次进攻性行动时，出于防卫的目的，日本将无条件地允许美国进入冲绳基地。”[②] 这反映了韩日安全利益的共有性，并表示日本对韩国遭到攻击时的态度是明确的。对此，有学者认为，“韩国条款和冲绳基地协定标志着日韩合作关系的分水岭……韩国条款构成了日韩两国直接安全联系的第一次正式声明”。[③] 复旦大学国际问题研究院韩国研究中心教授汪伟民在其文章《冷战时期的美日韩安全三角——准联盟理论与联盟困境的视角》中称，“这两个协定（‘涉韩条款’和《冲绳基地协定》）在某种程度上间接地构建了日韩之间近乎安全条约的关系”，[④] 并借助

① ［韩］金浩燮：《冷战终结与韩日关系》，《国际政治论丛》1992年第32期。

② 汪伟民：《冷战时期的美日韩安全三角——准联盟理论与联盟困境的视角》，《国际政治研究》2005年第4期。

③ 孙俊华：《尼克松主义对日韩安全合作关系的影响》，《日本学论坛》2006年第4期。

④ 汪伟民：《冷战时期的美日韩安全三角——准联盟理论与联盟困境的视角》，《国际政治研究》2005年第4期。

准联盟理论解释冷战时期的韩日关系。

“准联盟”是指一种两个国家之间互不结盟却同时与另一个国家结盟的关系。根据这一定义，冷战以来的韩日关系性质表述为“准联盟”关系。① 此外，国内学者孙德刚也使用过“准联盟”这一概念。他在题为《联而不盟：国际安全合作中的准联盟理论》的文章中指出，“准联盟”即两个或两个以上国家实体在次级安全合作方针之上形成的安全管理模式，次级安全合作方针包括外交公报、联合声明、备忘录、友好合作协定、联合记者招待会宣言、国内法、联合国决议等。准联盟中的“准”是指“半”、“次”和“非正式”。② 依据上述定义，韩日关系无疑具有准联盟的性质。尽管如此，在冷战时期，韩日两国间并不存在直接的军事交流。虽然韩日之间也进行了一些国防部门官员交流和安全政策的讨论，但两国间的安全合作与军事交流主要是通过美国达成的，两国一直是以美国为媒介在东北亚和朝鲜半岛地区保持着紧密的安全协作关系，韩日准同盟关系始终没能超越美日韩安全三角关系的大框架。

20 世纪 80 年代末 90 年代初，国际形势和东北亚局势发生了变化。一方面，东欧剧变，苏联解体，冷战体制瓦解，韩日关系进入新的历史时期。另一方面，朝鲜核问题不断升温，朝鲜潜在威胁的存在，使韩日两国在安全问题上不断进行协商与对话。1992—1993 年版韩国《国防白皮书》指出，鉴于日本在亚太地区的地位不断提高，以及发展以美国为支柱的安全互助关系的需要，并考虑到可能对地区稳定和朝鲜半岛和平统一做出贡献的合作方法，韩国应该积极加强与日本实质性的军事交流与合作。③ 据此，韩日加强了安全方面的协调。

1994 年 3 月，金泳三访问日本，在日本众参两院发表演讲时呼吁，

---

① 汪伟民：《冷战时期的美日韩安全三角——准联盟理论与联盟困境的视角》，《国际政治研究》2005 年第 4 期。

② 孙德刚：《联而不盟：国际安全合作中的准联盟理论》，《外交评论》2007 年第 6 期。

③ 吴心伯：《冷战后韩国的安全政策》，《当代亚太》1996 年第 2 期。

日本政府和议员应采取共同步骤做出努力应对和阻止朝鲜发展核武器，并主张建立韩日安全保障合作体制。同年 4 月，韩国防部长官李炳台首访日本，提议加强韩日军事交流，并达成协议。根据这一协议，由三艘军舰组成的韩国海军舰队访问日本港口，韩日国防部长级会谈也于 1994 年开始实现定期化。1995 年 2 月，韩国参谋长联席会议主席金东镇和来访的日本自卫队幕僚长联席会议主席西元彻达成了加强两国军事合作的意向，约定两国间开展军舰互访并交换军用飞机飞行计划。① 1996 年 6 月，金泳三在济州岛与日本首相桥本龙太郎举行会谈，双方重申加强韩美日三国的联合战略关系。1996 年 9 月 11 日，日本海上自卫队两艘军舰抵达韩国的釜山港，这是自二战结束以来日本军舰首次访问韩国。1997 年 4 月下旬，日防卫厅长官久间章生抵韩访问，与韩国国防部长官金东镇达成了进一步加强两国军事交流的协议，两国在互派留学生、促进各个层次的安全保障对话、派军舰互访、进行技术领域交流、防止海上事故和进行联合军事训练等方面达成共识。

1998 年 2 月金大中上台后全面改善对日政策，对加强和扩大韩日军事合作起了重要作用。同年 8 月 31 日，朝鲜发射的“大浦洞 1 号”导弹飞跃日本上空，极大地刺激了日本的安全神经，而韩国方面也有抑制朝鲜维护自身安全的需要。9 月 2 日，即朝鲜发射“大浦洞 1 号”导弹的第二天，韩国防部长官千容宅访问了日本，就加强双边安全对话和扩大军事防务合作问题与日本达成共识，双方同意在应对朝鲜的导弹开发计划方面建立高级别的协调渠道。1998 年 10 月，金大中总统访日期间，提出韩日要积极建立“面向 21 世纪的新型伙伴关系”，把两国在安全领域的合作作为韩日首脑会谈的重要议题之一，并将开展两国安保合作明确写入联合声明。两国决定继续维持与美国的安保体制，共同应对朝鲜导弹开发，两国国防部长每年互访一次，每年 6 月继续举行“韩

---

① 姜龙范：《合作与龃龉交错的日韩军事关系述评》，《东疆学刊》2008 年第 4 期。

日安保政策协商会议”，举行联合军事演习。1999年，韩日两国海军在日本海举行了首次“联合海上演习”，并开设了两国陆、海、空司令部的三条“防卫热线”，以备在非常时期及时有效地交换情报。

但是，在错综复杂的国际环境中，这两个爱恨交织的邻国围绕历史问题和领土问题摩擦丛生、龃龉不断。而每当出现历史问题纷争和领土争端时，受影响最明显的便是作为两国合作最为敏感的军事交流。2001年，由于日本修改“历史教科书”和小泉一而再、再而三地参拜靖国神社，韩国掀起了一股强烈的“反日风暴”。在历史问题的阴影下，韩国暂停与日本的军事交流。同年4月8日，韩国国防部宣布推迟原定在6月初与日本举行的“海上搜索与救援”联合军事演习。[①] 2001年7月12日，韩国政府宣布取消原定韩国联席参谋长当年7月中旬的访日计划和日本海上自卫队两艘驱逐舰当年9月初访问仁川港的计划。韩国国防部表示，由于日本政府拒绝修改歪曲历史的教科书问题，韩国在与日本的军事交流方面要持“谨慎”立场。

“9·11”事件后，美国加强了与日本、韩国的军事同盟关系，韩国与日本的军事交流也开始增多。2002年9月9日，韩日举行第二次联合军事演习，共同实施海上搜索和救助训练，这表明一度因教科书问题而出现裂痕的韩日两国关系得以弥合。

卢武铉2003年出任韩国总统后，提出了“自主国防”的方针，随着美国逐步削减驻韩美军兵力，韩国在逐步提高自卫能力的同时，也看到了与日本合作的重要性，进而推动韩日军事交流与合作。韩国认识到，如果不大力发展与周边国家的军事合作关系，将会在未来国际竞争的地区角逐中处于被动地位。韩国政府在2003年发表的《国防白皮书》和之后公布的《韩国外交重点课题》中，强调进一步开展与周边国家，特别是美、日间的军事交流。同年6月，卢武铉访问日本，在韩日首脑

① 姜龙范：《合作与龃龉交错的日韩军事关系述评》，《东疆学刊》2008年第4期。

会谈上，韩日双方就“发展面向未来的韩日合作关系”达成协议。根据此协议，韩国国防部希望与日本建立全面军事合作关系。与此同时，日本为增强其对朝鲜半岛事务的影响力，力推日韩关系的全面发展，重点加强与韩国的军事联系。在美国的支持下，两国军方就长期交流军事人员、推进舰队互访、相互观摩演习、交换早期防空情报等达成了一系列协议，韩日双边军事关系逐步由通过美国实行的间接合作向两国军方直接合作发展。①

然而，突如其来的领土争端使刚刚升温的军事交流再次陷入停滞状态。2005 年由日本挑起的韩日独岛之争和随后发生的日本美化侵略历史的新历史教科书事件引发了韩国政府与民众的反日情绪，使韩日关系一度陷入危机。韩国被迫改变对日政策的方向，卢武铉总统两次发表对日关系的《告全体国民书》，强烈谴责日本，对日采取强硬政策。根据韩国政府对日关系的新变化，韩日军事合作迅速停滞，包括日本陆上自卫队幕僚访韩、国防政策工作会议和部长级会议等 9 个领域的工作会议、空军士官生互访等 16 项研修和互访活动大部分已搁浅，韩日陆海空军大学的学生交流、海上联合搜救演练、航空防卫研讨会等 6 项活动也被取消。

2006 年安倍晋三出任首相后，韩日军事交流又一次迎来了新的转机。同年 10 月 9 日，安倍访问韩国并与卢武铉总统举行会晤，确定了“面向未来的两国关系发展”的政策基调。根据这一基调，同年 12 月韩日两国在东京举行了第 14 次国防政策工作组会议，双方讨论了有关两国军方高层领导人互访和军事交流的合作计划。会上，韩方解释了对国防改革及促进自主行使战时作战指挥权等韩美关系相关问题，日本则解释了驻日美军改编等日美关系和将防卫厅升格为防卫省、参与防扩散

① 张天南、刘革军:《美日韩军事合作现状及发展趋势》,《国防大学学报（战略问题研究)》2004 年第 4 期。

安全倡议（PSI）、努力促进日韩防卫交流等政策计划。2007 年 2 月 25 日，日本防卫相久间章生和到访的韩国国防部长官金章洙举行定期会谈，就加强两国军事合作的事宜交换意见，并商定加强联合参谋部和日本统合幕僚监部（相当于韩国联合参谋部）之间的应急联络机制运作。同时，双方决定进一步扩大双边军事交流与合作。6 月 19—20 日，韩日在济州岛东北部（日本佐世保西北部）海域进行代号为“搜救演习”（SAREX）的联合海上军事演习，这是 1999 年以来韩日第五次海上联合军事演习。①

2007 年末推行对日“新思维”的李明博出任总统后，在改善韩日关系的背景下，两国开始在安全领域寻求合作途径。特别是在“天安舰事件”和“延坪岛事件”发生后，为了应对来自朝鲜的威胁，韩国政府在全面提升与美国的军事同盟关系的同时，改变了以往对韩日安保问题消极的态度，开始与日本推进安全领域的合作，韩日两国的军事交流明显增多。2010 年 7 月，日本首次派遣海上自卫队军官作为观察员参与了美韩联合演习。10 月，韩国又邀请日本参加了釜山港和周边海域举行的“货物检查”训练。11 月 13 日，在横滨召开的亚太经合组织会议（APEC）上，菅直人内阁把签订自卫队与韩军之间的《物资劳务相互提供协定》（ACSC）提上了议程。此外，在野田内阁的积极推动下，日本海上自卫队与韩国海军于 2011 年 11 月在对马海峡北部海域进行了联合救援演习。

在一系列的军事交流中，韩日两国认识到军事情报共享的重要性，并开始着手交涉《军事情报保护协定》的相关事宜。2011 年 1 月 10 日，日本防卫大臣北泽俊美访问首尔之际，向韩国国防部长金宽镇表达了与韩国商签《军事情报保护协定》的意向。在来自朝鲜的“威胁”日益增大的情况下，李明博政府开始对这一提议予以积极应对。

① 姜龙范：《合作与龃龉交错的日韩军事关系述评》，《东疆学刊》2008 年第 4 期。

韩日两国计划签署《军事情报保护协定》，主要目的是加强两国间的数据共享及保护合作，尤其是在相关朝鲜军队和武器装备的情报收集方面期望取得更好的成效。韩日两国都想通过签订《军事情报保护协定》获得更多的战略利益，日本认为，推动与韩国的军事合作是日本成为“普通国家”的一个重要环节，日本推动与韩国的军事合作，旨在借韩国因素助力其加快迈向军事大国的步伐。对韩国而言，达成《军事情报保护协定》，有助于它在军事技术问题上得到日本更多的帮助，获得一些经济实惠。[①]《军事情报保护协定》的主要内容是韩日分享有关朝鲜大规模杀伤性武器等军事情报，此前两国均通过美国来沟通相关情报，协定签订之后，双方将可以共享关于朝鲜核、导弹等情报，进而开启韩日军事关系发展的新篇章。值得注意的是，除了有关朝鲜的情报，韩日还将分享有关中国的情报，韩日两国签署该协议的动力源于它们对朝鲜政局走向的警惕和中国海军未来发展的不安。

美国一直试图加强韩日军事关系，给华盛顿—首尔—东京三方盟友关系画上第三边。《纽约时报》说，名为《军事情报保护协定》的条约为韩日共享和保护机密情报及其他敏感数据提供了法律框架。日本已同美国、法国和北大西洋公约组织签署《军事情报保护协定》，以防止共享的敏感军事信息泄露。韩国同美国、俄罗斯、越南等20多个国家签署了这一协定。美国政府一直敦促两国放下历史仇恨，加强军事纽带，这样三边军事同盟才可以更有效地应对来自朝鲜的威胁。目前，两国政府通常只通过美国这一间接渠道来分享彼此之间关于朝鲜的信息。[②]

经过多次交涉，2012年4月23日韩国政府与日本在东京草签了《军事情报保护协定》。6月21日，在美国的协调下，韩国、日本和美国首次举行了三国联合海上军事演习，引起了广泛关注。韩国政府与日

---

① 全莹主编:《韩国发展报告（2013）》，延边大学出版社，2013年，第47页。

② 《韩日军事协定捅了马蜂窝》，http://news.xinhuanet.com/world/2012-07/03/c_123364340_3.htm。

本政府商定，在6月29日由韩国国防部长官金宽镇访问日本时与日本防卫大臣田中直纪正式签署《军事情报保护协定》。然而，这一协定推进过程“意外”地被韩国媒体曝光，引发了韩国国内一场政治风暴，致使协定面临“难产”的尴尬处境。韩国媒体批评政府在缺乏社会共识的情况下草率地推动签署协定，并指责政府决策程序错误，尊重民意不够。韩国在野党的言辞更为尖锐，民主统合党还批评该协定是“卖国协定”，暴露出现政府的“亲日本色”。

面对韩国国内舆论、朝野一致的强烈反对，李明博政府最终妥协，于2012年6月29日宣布推迟签署韩日《军事情报保护协定》，国防部长官金宽镇也取消了访日计划，并由国务总理金滉植向国民道歉。同年7月1日，民主统合党党首李海瓒表示，政府与“侵略国家”私下签署协定，但却对国会只字不提，应该严肃处理该事件，不仅是总理，外长和防长也应该辞职。[①] 韩国《民族日报》在7月2日的社论中要求总统对军事情报协定风波承担责任，并表明了政府不应与日本签署《军事情报保护协定》的立场。由于各方对于该协定的必要性和可行性存在着巨大分歧，协定很难签署。

如果不是因为领土争端和历史问题的影响，韩日将会全面打造两国的军事合作关系。战后，韩日关系虽有所进展，但历史问题仍存在，在岛屿争议问题上则凸显两国矛盾。在历史问题的阴影下，韩日军事交流始终是一个敏感问题。冷战后，在美国东亚战略的影响下，美日、美韩同盟非但没有解体，反而有进一步加强的趋势。在强有力的双边同盟关系的影响和作用下，韩日准联盟关系在其运行过程中主要表现出以下特征：一是，韩日准联盟关系始终局限于美日韩三国协调体制框架内。韩日两国作为美国在亚太战略体系中的重要军事盟国，双方在防止朝鲜核

---

① 《韩日军事协定捅了马蜂窝》，http：//news. xinhuanet. com/world/2012 - 07/03/c_123364 340. htm。

开发和阻止中国成为地区大国等方面有着共同的安全利益。随着日本走向政治大国、军事大国步伐的加快，日本日益重视并积极开展同韩国的军事外交活动，双方军事交流和合作亦悄然起步，但韩日两国尚难形成“直接的”同盟关系和安全合作，其准联盟关系也无法超出美日韩三国协调体制的框架。二是，韩国对日本的外交政策表现出务实倾向，在历史问题上不断向日本做出“让步”，然而日本却没如韩国所愿地投桃报李，经常在历史问题上退一步进两步，使得两国关系始终摩擦丛生、龃龉不断。三是，基于上述两方面因素的影响，加之两国民众的对立情绪远未消除，韩日关系在发展过程中表现为时近时远、若即若离。

在东北亚地区，韩国欲发挥主导作用，除巩固与美国的传统同盟关系外，还必须发展与日本包括军事关系在内的全面合作。然而，由于两国间存在历史问题的鸿沟，韩国人内心深处对日本有反感情绪，韩国一直警惕日本的军事大国化趋向，担心日本重新走上侵略之路，对日本成为联合国安理会常任理事国持消极态度。韩国在加强与日本军事合作的同时表现出对日本军事力量强大的担心，韩日军事交流与合作将极大地受制于两国政治关系的发展，韩日建立军事关系也将是非常困难的。

小　结

20 世纪 90 年代初，根据国际格局的变化，韩国大力开展“北方外交”。从“北方外交”政策起，经历了金泳三政府的“四强外交”、金大中政府的“四强协调外交”、卢武铉政府的“东北亚均衡者外交”和李明博政府的“实用主义”四强外交。韩国在东北亚政策实施过程中，“实用均衡”的外交理念始终贯穿其中，韩国要做东北亚地区无法替代的均衡中枢，努力同周边各国友好相处，冷战后韩日关系的演变正是这种实用均衡外交政策的体现。

冷战结束后，韩国力图改变冷战时期韩日不正常的“政冷经热”状态，致力于建立包括政治、经济、文化、军事交流全面发展的两国关系。韩国同日本改善关系，一方面是为了加强韩美日的安保机制，利用三边合作对朝鲜形成巨大的威慑力量，解决韩国一直担心的国家安全问题；另一方面通过发展韩中、韩日关系，在中日之间搞平衡外交，形成有利于韩国的东北亚战略格局，发挥韩国在东北亚地区地缘中心的作用，扩大韩国在该地区的发言权。金大中、卢武铉政府时期，为了强调韩日合作，对历史问题采取了淡化处理的方法。李明博政府时期，为了建立成熟的韩日关系，李明博更是想要超越韩日的历史，但是韩国“搁置历史问题”的态度和“向前看”的对日政策并没有得到相应的回报，不但持续引发了韩国国内强烈的不满，而且成为日本在历史问题上为所欲为的契机。在经历了金大中政府时期短暂的韩日“蜜月期”后，到卢武铉政府时期，由于日本前首相小泉纯一郎坚持参拜靖国神社，加之一些历史问题的影响，韩日关系开始降温，几近恶化的边缘。李明博政府时期，领土争端、历史教科书问题、“慰安妇”问题等集中爆发，使韩日矛盾升级，韩日两国之间的国民感情降到近年来的最低点。韩日两国都在追求政治经济大国地位和东亚的地区主导权，并且两国之间有着无法调和的主权争端和根深蒂固的感情纠葛，但两国毕竟同属于美日韩“三边两同盟”框架内，且有美国的“感情纽带”居中调节，基于两国各自战略利益的考虑，即使韩日关系出现恶化，也绝对不会发展到完全决裂的地步，所以对于韩日关系，我们仍应有一个清醒的认识。韩国明确要发挥东北亚中心国家的作用，也希望中国和日本互相牵制，从中获取自身的利益。对韩国来讲，维持韩美同盟和韩美日三国协调体制仍是目前最能保证其国家安全的唯一选择，再加之韩日经贸往来频繁，依存关系紧密，相同的意识形态和相通的经济道路使韩日双方必然会选择合作。对日本来讲，日本和韩国同是美国在亚洲的盟国，日本希望通过改变和加强与韩国的关系，巩固日美韩三边协调机制，并通过加强与韩国的合作，积极参与朝鲜半岛问题，增强其在东北亚地区的影响力。而且，在冷战后韩日关系的发展中，两国军事合作的加强却是一个不争的事实。它既是韩国自主国防的需要，也是日本迈向军事大国战略思想的体现，同时造成了美日韩军事合作加强的客观事实。自 2011 年起，美国开始推行亚洲再平衡战略，加强了与日韩两国的军事同盟关系，美日同盟和美韩同盟是美国实施亚洲再平衡战略的基础。同时，韩日的军事合作关系日益密切；美日、美韩两个双边军事联盟渐趋靠拢，安全合作的领域不断扩展，程度不断加深。目前，美日韩三国并未就结成同盟达成正式的协议或签署正式的文件，但三国加强军事合作、谋求军事力量一体化建设却是不争的事实。

冷战后韩国对日外交政策进行了反复调整，韩日关系不仅对韩国和日本至关重要，而且还影响到东北亚局势。对于这一点，日本著名评论家加藤周一指出："对于日本和东北亚的未来来说，日中和日韩之间的友好信赖关系都是至关重要的，也是决定性的。"① 因此，出于利益的考虑，韩日两国仍将不断调整对外政策，双方也会在一定程度上继续谋求合作。应该说，对于同属于美日韩"三边两同盟"框架内的韩日两国来说，彼此都十分重视双边关系的发展。韩日作为在亚洲最先实现"现代化"的两个国家，在经济发展水平、政治体制、价值观以及语言文化观念等方面比较接近，而且两国都是美国的"同盟"，因此维系和发展同美国的同盟关系，进而维持美日韩三国协调体制，仍是韩日两国对外战略的核心和首要目标。对于韩国来讲，维持韩美同盟和美日韩三国协调体制仍是目前最能保证其国家安全的唯一选择。而在日本东北亚安全战略当中，韩国一直被视为"准联盟"。日本前防卫厅长官石破茂曾表示"应将韩国视做同盟国"，并提出当韩国受到朝鲜武力进攻时，

① 【日】加藤周一：《战后 60 年的孤独》，《日中文化交流》2005 年第 8 期。

日本应考虑行使集体自卫权。[①] 可见，虽然历史问题和领土争端依然是影响韩日关系顺利发展的最大障碍，但是在美日韩三国协调体制的影响和作用下，尤其是在朝鲜威胁持续存在的情况下，韩国仍将确保牢固的美日韩三边合作，以对朝鲜形成巨大的威慑力量，确保韩国国家安全，韩日准联盟关系不会走向决裂。

① ［日］山本一太：《如果我是日本首相》，当代世界出版社，2004 年，第 35 页。

第四章

韩国对俄政策与韩俄关系

韩国地处东北亚地区，基于地缘政治的原因，也视俄罗斯为东北亚国家。历史上韩俄有过曲折的历程：20 世纪 80 年代，韩国实施北方政策，着力改善与苏联、中国等社会主义国家的关系，与苏联建交；苏联解体后，俄罗斯成为苏联的主要继承者。由于俄罗斯在东北亚地区乃至世界具有重要的影响力，并且有着丰富的能源资源，韩国历来重视发展与俄罗斯的关系。尤其是近年来，随着朝核问题进一步复杂化，加之国际油价不稳，韩国更需要通过俄罗斯的影响力处理朝核问题和满足自己的能源需求，因而积极发展与俄罗斯的关系，两国在政治、经济、能源等各个领域积极进行交流与合作，相信韩俄两国在未来的合作中将有崭新的发展空间。

第一节　韩国的北方政策与韩苏建交

在冷战体制下，韩国是美国在东北亚地区进行冷战、对苏联等社会主义国家进行遏制的桥头堡，一直奉行强烈的反共政策，加之苏联在解放朝鲜半岛和朝鲜战争期间站在由金日成领导的共产主义政权的立场上，朝鲜战争后，韩国对苏联一直采取敌视的态度。1969 年“尼克松宣言”的发表对韩国等东北亚国家产生了巨大影响，20 世纪 70 年代初国际社会两大阵营之间的矛盾、对立趋向缓和，随着中美关系缓和与中日关系正常化，韩国政府开始反思一直跟随美国的外交政策，逐步形成旨在改善同苏联、中国和包括朝鲜在内的社会主义国家关系的外交新政策，韩国称之为“北方外交”。

1972 年 5 月 16 日，朴正熙总统表示愿意改善同社会主义国家的关系。“如果它们不反对我们的行动，我们将寻求同它们的合作，尽管它们和我们有不同的社会制度。”① 此外，南北双方也进行了高层秘密接触，双方就南北统一的根本原则达成了共识。1972 年 7 月 4 日，朝鲜半岛南北双方发表了“七・四南北共同声明”。虽然双方关系并未因此取得实质性进展，但南北联合声明毕竟是朝韩各自建国以来第一次高层次接触，并且是以政府名义达成的一次协议，说明南北统一的曙光已经出现。② 对此，苏联给予了积极评价，并发表声明表示祝贺，称虽然朝鲜半岛问题不是一两天就能解决的，但朝鲜和韩国都应尽自己最大的努力。解决朝鲜半岛分裂问题的唯一办法是朝鲜半岛上的两个政府间改善经济、政治和文化关系。声明中提到的“朝鲜半岛上的两个政府”无疑是指朝鲜和韩国，这说明事实上苏联已经承认了韩国政府的存在。

1973 年 6 月 23 日，朴正熙总统发表了“有关和平统一外交政策的特别声明”。该声明称，不管其意识形态和社会制度是否存在差异，韩国将向包括苏联和中国在内的所有国家实行门户开放政策。这被视为韩国北方外交的开始，表明韩国准备与共产党国家建立广泛的联系，是其东北亚外交政策的重要转折。对朴正熙的“6・23 宣言”，朝鲜表示拒

---

① K Hakjoon, *Korea's relations with her neighbors in a changing world*, Hollym International corp, 1993. 27.

② 孟庆义等：《朝鲜半岛：问题与出路》，人民出版社，2006 年，第 108 页。

绝，和朝鲜友好的中国也做了负面反应，苏联的反应对韩国来说还算是正面的。1973 年是战后韩苏关系重要的一年，“6・23 宣言”发表后，苏联开始对大韩民国实行公开的接触政策。

1973 年，苏联放宽了对韩国人入境限制，允许持有韩国护照的韩国人到苏联参加艺术、体育和科学国际会议。1973 年，世界大学生运动会在苏联莫斯科举行，尽管遭到朝鲜的抗议、谴责和抵制，苏联还是邀请了 38 名韩国运动员参加此次大学生运动会。1973 年 11 月，在联合国纽约总部，韩国驻美大使会晤了苏联驻美大使多勃雷宁，双方就朝鲜问题交换了意见，这是韩苏官方的首次交往。1975 年 11 月，韩国驻英国大使获准出席在苏联举行的由联合国儿童基金会资助的国际会议，成为第一个持签证踏上苏联国土的韩国外交官。1977 年，韩国官员出席了在莫斯科举行的国际电力会议和在第比利斯举行的环境会议。1978 年，苏联允许韩国内阁官员入境参加了世界卫生组织和联合国儿童基金会联合在阿拉木图举办的会议，这是韩国政府内阁成员首次访问苏联。在这次会议期间，《哈萨克真理报》第一次使用了“大韩民国”的称号，① 此后韩国学者、新闻界、体育界及经济界等许多相关人士相继访问了苏联。

可以说，20 世纪 70 年代，由于韩方的积极推动，韩苏关系已经开始松动，并在某些方面有所发展。实际上，这一时期苏联已经承认韩国作为主权国家的存在，承认朝鲜半岛分裂的既成事实，只是基于某种战略考虑，为避免同朝鲜拉大政治上的距离，避免朝鲜单方面倒向中国，苏联对于韩国建立正式外交关系的要求，尚未给予足够的重视。

20 世纪 80 年代初，韩国明确提出并积极实施“北方政策”，即所谓的“北方外交”，将外交政策优先定位在改善同苏联和中国的关系上。

---

① 刘金质：《当代中韩关系》，中国社会科学出版社，1998 年，第 82 页。

1983年6月29日，为纪念“6·23宣言”发表10周年，韩国外务部长官李范锡在国防大学发表题为《创造先进祖国的外交课题》的重要讲话。他在演讲中对“北方政策”大致做了如下解释：“‘北方政策’这一用语和此前韩国政府对‘共产圈’政策大体一致，因为‘共产圈’一词与当前国际社会的变化不适应，并带有不必要的刺激因素，所以使用了这个新名词。”① 这是韩国首次正式使用“北方政策”一词。接着，这位外长提出了韩国外交政策的目标和任务：“20世纪80年代韩国外交政策的目标是防止朝鲜半岛发生战争，韩国外交的重要任务是实现与苏联、中国外交关系的正常化……韩国希望通过改善同中、苏的关系来推动南北关系的接近。”② 因此，20世纪80年代韩国积极地推进北方外交，然而苏联击落韩国民航客机事件却使韩苏接近骤然停止。

1983年9月1日，韩国航空公司“747号”民航客机在萨哈林岛上空被苏联空军击落，并导致机上269名乘客全部遇难。韩国强烈谴责苏联军队的做法是“非理性与非人道行为”，并要求苏联对死亡乘客进行赔偿。而苏联方面则坚决认为这是韩方的“一次执行间谍任务的飞行”，③ 是对苏联主权的侵犯，并拒绝了韩方提出的赔偿要求，致使韩苏关系紧张。不过，韩苏这种紧张状态并没有一直持续下去，1984年韩苏在某些领域开始恢复非政治性接触。

1985年苏联戈尔巴乔夫上台后，在对外关系方面推行“新思维”外交政策，即“以和平共存与相互利益为基础，发展与资本主义国家间的关系”。同时，美中关系缓和，东北亚形势开始出现新的变化，为韩国推进北方政策创造了良好的外部环境。1988年上台执政的韩国总统卢泰愚更加积极实施和推进北方外交政策，在他的总统竞选及就职演说等一系列政策讲话中，始终把实施北方外交、推进同北方国家关系正常

① ［韩］宋永佑：《韩国外交》，平民社，2000年，第51页。
② ［韩］宋永佑：《韩国外交》，平民社，2000年，第52页。
③ 陈峰君、王传剑：《亚太大国与朝鲜半岛》，北京大学出版社，2002年，第234页。

化作为其外交政策的中心。韩苏关系再次走出低谷，并最终实现了两国关系正常化。

1988 年 7 月 7 日，韩国总统卢泰愚发表了一篇被称为“北方政策”的宣言，改善与苏联的关系是这一政策的主要目标之一。在这个宣言中，卢泰愚说“世界正在进入一个超越意识形态和政治制度的和谐合作的时代”，韩国将在一个民族共同体的概念基础上，和北方一道寻求共同繁荣，帮助朝鲜改善同韩国等非社会主义国家的关系，韩国也将努力实现同中国、苏联和其他社会主义国家的关系正常化。也就是说，韩国将通过在国际共同体中的合作寻求南北双方的共同繁荣，进而实现朝鲜半岛的统一。

对此，戈尔巴乔夫做了积极的响应。1988 年 9 月 16 日，他在克拉斯诺雅尔斯克的演讲中表示可能与韩国建立经济联系，邀请韩国参加西伯利亚经济开发，并在演说中第一次正式使用“韩国”这一称呼。在韩苏两国的共同努力下，两国加深了交往与合作，推动了两国关系的发展。1988 年，苏联参加汉城奥运会。1989 年 4 月，两国互设贸易代表处；12 月，韩苏两国互设领事馆。1990 年 3 月，韩苏通航；6 月，韩苏首脑在旧金山会晤，掀起了建交谈判的高潮；9 月，韩苏正式建交。

应该说，韩苏建交是基于两国共同的国家利益发展的需要。国家利益是国家生存与发展的权益，维护国家利益是主权国家对外活动的动因和归宿。为了维护自己的国家利益，都制定了相应的对外政策，每个国家外交政策的执行过程，也就是国家利益的实现过程。

由于国家利益受政治环境的影响，国家利益的实际内容是不断变化的。在不同的政治环境和不同的政治需求下，国家利益的实际内容均不同，在每一个特定的历史时期里，都有其特定的历史内容。因此，国家利益的动态性首先表现为阶段性；其次，国家利益在不同阶段，其关键利益的内容是不同的，其他利益在不同程度上要受其影响和制约，这种主从性又随着时间的发展而不断转换。① 韩苏建交正是国家利益动态性的一种表现。

20 世纪 80 年代末 90 年代初期，国际形势有所缓和，韩国利用美苏在东北亚对峙局面缓和的时机，积极开展独立外交，韩国国内出现了改变“国策”的呼声。韩国国家利益与东北亚和平密切相关，而该地区的和平需要几个有关国家的共同保障。为此，韩国试图全面改善同中苏等社会主义国家的关系。

韩苏建交对双方都具有重要意义，极大地促进了两国关系的发展。对韩国来讲，与苏联建交意味着其北方外交政策实施的一大胜利，是韩国调整东北亚外交政策方向的重要举措。韩国逐渐减弱对美日联盟的依赖，同意识形态对立的国家改善关系，以维护自身安全，追求有利于本国利益的独立外交，提高了韩国在东北亚地区的影响力，同时也为中韩建交创造了很好的范例。

对苏联来讲，同韩国实现关系正常化主要考虑到经济方面的利益。以韩苏建交为契机，苏联可以扩大与韩国的经济合作，吸引韩国积极参与到远东及西伯利亚地区的开发中，同时引进韩国的资金、技术和管理经验来推动苏联国内的经济改革，发展本国经济。

1990 年 12 月，卢泰愚对苏联进行正式访问，这也是韩国国家领导人第一次访问苏联。在首脑会谈中，韩方同意向苏联提供 30 亿美元的援助，支援苏联的贸易与经济改革，帮助开发远东及西伯利亚地区，戈尔巴乔夫则表达了支持朝鲜半岛渐进式统一方案。1991 年 4 月，戈尔巴乔夫访问日本后顺访韩国。在韩苏首脑举行的会谈中，他表示支持韩国与朝鲜同时加入联合国，并表示“不会向朝鲜提供任何核援助”，将为结束朝鲜半岛的冷战状态而努力。韩苏建交 7 个月后实现了两次首脑互访，可见双方领导人的相互重视程度，首脑互访加强了两国政治关系

① 秦朝英：《论国家利益——生存与发展需求》，《战略与管理》1998 年第 6 期。

的发展，对增进两国关系起到了很大作用。

第二节　冷战后韩俄政治关系的演变

苏联解体后，俄罗斯取代苏联，在朝鲜半岛政策上采取了重南轻北、对韩“一边倒”的外交政策。实施这一外交政策的目标有三：第一，通过全面发展与韩国的双边关系，维持东北亚地区的稳定；第二，寻求韩国对其提出的东北亚安全计划的支持；第三，在韩国的帮助下，发展本国经济，为俄经济融入生气勃勃的亚太经济做准备。[①] 对韩国而言，与俄罗斯这样一个军事实力强大、资源丰富、市场广阔的大国合作，既有利于本国经济的发展，又有利于提高自己的国际地位，还有利于孤立朝鲜。[②] 因此，在俄罗斯对韩“一边倒”政策的影响下，韩俄关系发展迅速，韩国获得了所期望的政治外交利益。

1992 年 11 月，叶利钦对韩国进行了首次访问，这也是叶利钦当选总统后出访的第一个亚洲国家，表明了俄罗斯对发展韩国关系的重视。访韩期间，卢泰愚总统和叶利钦签署了《韩俄基本关系条约》，交换了《韩俄军事交流议定书》。叶利钦表示将重新缔结俄朝条约，删除自动军事介入条款，并声明停止向朝鲜提供攻击性武器。此外，作为友好的表示，叶利钦将 1983 年被击落的韩“747 号”民航客机航班的黑匣子交给了卢泰愚，并阐明了反对朝鲜进行核开发的立场。[③] 1993 年 3 月，

---

① 李强：《从“一边倒”到“等距离”——90 年代俄罗斯对朝鲜半岛的政策评析》，《东北亚研究》1999 年第 1 期。

② 冯特君、蒲俜：《东北亚新形势下的韩国外交走向》，《韩国东北亚论集》1996 年第 2 期。

③ ［韩］《中央日报》1992 年 11 月 19 日。

朝鲜宣布退出《不扩散核武器条约》（NPT），俄罗斯表示将采取共同行动，赞成联合国安理会对朝鲜实施制裁的决议。[①] 同年，俄罗斯正式通知朝鲜取消1961年苏朝两国签订的《苏朝友好互助合作条约》。韩国得到了俄罗斯在政治方面的支持，获得了安全和战略利益，达到了政治外交的目的。

然而，这一时期韩俄关系的进展并没有满足俄罗斯的政治、经济需求。俄罗斯推行对韩“一边倒”政策的目的就是通过发展俄韩关系，引进韩方的资金和技术，带动其远东地区经济的发展。但是，韩俄经贸合作并未对俄罗斯远东地区的经济发展起到多大推动作用。韩国对俄直接投资进展缓慢，两国经贸关系的发展状况远不能达到俄罗斯经济发展的需求，其所期待的经济利益并没有得到满足。截至1994年底，韩俄双边贸易额仅有22亿美元，韩国向俄罗斯的投资额也只有2600万美元，这与同期中韩双边贸易额116.6亿美元和韩对华投资额7.6亿美元的数额相去甚远。[②] 关于韩俄经贸合作发展缓慢的原因，韩方认为：一方面，俄罗斯没有为外商提供良好的投资环境；另一方面，两国在经济借款的提供及偿还、汉城内俄罗斯大使馆的用地、KAL航班赔偿等问题上意见分歧较大。[③]

除此之外，1992年韩中建交也对韩俄关系产生了影响。苏联解体后，俄罗斯继承苏联积极推进与韩国关系的发展，在朝鲜半岛问题上采取对韩“一边倒”的外交政策，疏远了与朝鲜的关系，这直接导致了俄罗斯对朝鲜的影响力急剧下降，进而丧失了对韩国的吸引力。然而，中韩建交后，中国仍然继续保持对朝鲜的传统影响力，这样韩国在安保和战略上的期待很大程度上转移到了中国方面，并且这一时期，朝鲜核问题的困扰使韩国政府无暇顾及朝鲜半岛以外的事务，韩俄两国关系进

---

① ［韩］《中央日报》1993年3月17日。
② 陈峰君、王传剑：《亚太大国与朝鲜半岛》，北京大学出版社，2002年，第45页。
③ ［韩］夏尚植：《韩国对俄罗斯外交十年》，《永南国际政治学报》2000年第3辑。

展不大。

1994 年 6 月，韩国总统金泳三访问俄罗斯，两国总统签署了《韩俄联合声明》，访问取得了令人瞩目的成果，韩俄宣布建立“建设性互助伙伴关系”。政治方面，俄罗斯将 200 多份有关朝鲜战争的档案交给韩国，以解决两国的历史问题。两国一再强调，要建立建设性、互补性伙伴关系，为韩俄关系发展注入了新的活力，双方在国际事务中的合作也得到加强。第二年 5 月，韩俄两国国防部长官李炳台和格拉乔夫实现了互访，两国间签署了一系列军事合作协议。根据协议，俄将在 1995—1998 年间向韩国出口 2 亿美元的军火，其中包括 T－80U 型主战坦克、BMP－3 型步兵战车、AT－7 型反坦克导弹和 SA－16 便携式地对空导弹。除向韩国出售军火外，两国还达成俄用武器偿还欠韩国部分债务的协议。[①] 同年 9 月，为纪念韩俄关系正常化 5 周年，俄罗斯总理切尔诺梅尔金访问韩国，访问期间俄罗斯宣布 1961 年签署的《苏朝友好互助合作条约》到 1996 年期满后不再延长。此外，两国总理签署了经济合作宣言，双方就经济贷款及俄罗斯大使馆占地问题在一定程度上达成了协议。[②]

然而，韩俄关系的发展并未从此一帆风顺。1994 年，朝鲜提议将“停战协定”改为“和平协定”，并打算退出军事停战委员会。为探讨用新的和平保障体制取代现有的朝鲜半岛停战协定，1996 年韩美倡议举行美、韩、中、朝“四方会谈”。1997 年 12 月，“四方会谈”正式启动，俄罗斯对自己被排除在解决朝鲜半岛问题的重要协商机制之外表示强烈不满，并且在朝鲜核危机和导弹危机的解决过程中，俄罗斯所提出的意见也没有得到其他国家的重视。与此同时，由于各方面的原因，韩俄经贸发展较为缓慢，经济合作不足，其间两国签订的几项经济合作项

---

① 高科：《俄罗斯对外政策中的朝鲜与韩国》，《东北亚论坛》1998 年第 3 期。

② ［韩］夏尚植：《韩国对俄罗斯外交十年》，《永南国际政治学报》2000 年第 3 辑。

目成果甚微。即便如此，两国经贸交流还是保持了持续增长的势头，双边贸易额从1994年的22亿美元发展到1995年的32亿美元，到1996年又增至37.8亿美元。而韩国对俄投资也“有节制地”从1994年的2600万美元发展到1995年的4000万美元。根据有关统计，截至1997年7月，韩国在俄罗斯的投资总额为1.14亿美元。[①] 1997年韩国爆发经济危机后，经济被置于国际货币基金组织（TMF）的托管之下，两国贸易额减少，1998年俄罗斯宣布的“延期偿还借款”决定使两国的经济合作更加困难。

应该说建交10年韩俄政治关系的发展并不是很顺利，尤其是1998年7月发生了韩俄双方驱逐对方外交官事件，曾一度给两国关系蒙上阴影，两国政治关系一度冻结。

韩俄建交最初10年间两国关系发展不顺利的原因，主要有以下两个方面：第一，韩俄双方对两国关系的期望值不同，即过去10年间韩国对俄外交主要基于外交和安保政策方面的考虑，希望从俄罗斯方面获得政治外交上的支持，而俄罗斯则把获得经济利益放在首位，希望韩国成为其内部经济改革所需要的经济伙伴，韩国没有满足俄罗斯的经济要求；第二，韩国在处理对俄关系时仍没有摆脱冷战思维，无论是对苏联还是俄罗斯，其外交都过于拘泥于有关朝鲜的安保政策方面，对俄罗斯外交缺乏长期战略。[②]

韩俄关系在金大中政府和卢武铉政府时期出现了转机。两届政府在东北亚地区推行“四强外交”，力求均衡发展韩与美、日、中、俄的关系，韩俄关系获得提升。

1999年5月，金大中总统访俄，为加强韩俄建设性互助伙伴关系，双方决定促进人员往来，增加经济合作，扩大文化、教育、科学、情报

---

① 陈峰君、王传剑：《亚太大国与朝鲜半岛》，北京大学出版社，2002年，第249页。

② ［韩］夏尚植：《韩国对俄罗斯外交十年》，《永南国际政治学报》2000年第3辑。

等各个领域的交流。特别引人注目的是，在这次首脑会谈中，金大中强调俄罗斯作为安理会常任理事国在联合国中的作用，并提议举行包括韩、美、中、日、俄、朝在内的“六方会谈”，建立东北亚多边安全体系，俄罗斯对此表示热烈欢迎。同时，俄罗斯明确表示支持金大中对朝鲜实施的包容政策，肯定了其合理性和正确性，为在世界范围内承认这一政策提供了契机。经济合作方面，双方就讨论多年的建立“纳霍特卡工业园区”问题达成协议，俄罗斯还同意为进驻工业园区的企业提供多种优惠政策。

与此同时，俄罗斯为恢复对朝鲜半岛的影响力，并未放弃与朝鲜改善关系的努力。从 20 世纪 90 年代中期起，俄罗斯开始实施东西兼顾的“双头鹰”外交政策，与朝鲜关系逐渐好转。早在 1994 年 9 月，俄罗斯副部长帕诺夫就携带叶利钦总统的亲笔信访问平壤，向金正日表达了俄愿与朝鲜发展正常睦邻关系的愿望，俄朝关系开始走出停滞状态。1996 年俄罗斯被排除在讨论朝鲜半岛局势的“四方会谈”之外后，俄罗斯副总理伊格纳坚科访问平壤，双方举行了首次政府间经贸与科技合作委员会会议，开始恢复经济关系。1999 年 3 月，两国草签了《俄朝睦邻友好合作条约》。2000 年普京就任俄总统后，对朝鲜半岛采用务实的外交政策，更加着力于改善俄朝关系。2000 年 2 月，俄外长伊万诺夫对朝鲜进行正式访问，俄朝两国正式签署新《俄朝睦邻友好合作条约》。双方发表的联合声明称，条约是发展两国关系新阶段的开始，双方将按照条约要求，为在多领域进一步扩大两国之间的友好合作关系而努力。①《俄朝睦邻友好合作条约》的签署，使双方实现了由原来军事同盟关系向正常国家关系的转变，确立了进一步发展俄朝关系的法律基础，是保证两国友好合作的基础性文件。以此为基础，双方关系发展顺

① 王兵银：《中俄在朝鲜半岛的利益与两国战略协作伙伴关系的发展》，《俄罗斯中亚东欧研究》2003 年第 4 期。

利，俄朝友好合作关系进一步巩固和发展，俄罗斯逐渐恢复了对朝鲜半岛的影响力。2000 年 7 月，普京总统访朝，与金正日举行首脑会谈，并发表了《俄朝共同宣言》，标志着俄罗斯对亚洲和朝鲜半岛的态度发生了重大转变，意味着其朝鲜半岛政策由对韩“一边倒”转向南北“等距离”外交。

为体现普京政府在朝鲜半岛问题上的均衡外交政策，2001 年 2 月 26—28 日，俄罗斯总统普京对韩国进行了为期 3 天的访问。访问期间，金大中总统与普京举行了首脑会谈，签署了《韩俄联合声明》，两国在政治、安全、经济、科学、技术、国防等方面达成了协议，韩俄两国得到各自想得到的利益。其主要意义在于：

第一，韩国在朝鲜半岛和平问题上得到了俄罗斯的支持。在布什政府对朝实施强硬政策、朝俄加强关系的情况下，韩国希望得到俄罗斯的支持。普京承诺俄罗斯将继续支持韩朝关系正常化，减少地区紧张，帮助朝鲜半岛实现和平。

第二，在经济关系方面，俄罗斯还将与韩国在贸易、投资、能源、工业、信息通讯、科技、渔业、铁路运输、尖端技术、航天航空、机械制造等领域加强合作，在伊尔库茨克共同开采天然气，并在纳霍德卡自由经济区内建立“俄韩工业开发园”。

第三，促进朝韩俄三者间的合作。朝韩俄间的经济合作可以加强三国相互交流和相互依赖，韩俄两国都认为韩朝和解与合作不仅为朝鲜半岛，而且为东北亚和太平洋地区国家在各个领域的合作提供了巨大的可能。

韩国总统卢武铉上台后，力求均衡发展韩国与中、美、日、俄的关系，韩俄关系由此升级。2004 年 9 月，卢武铉对俄罗斯进行了国事访问，两国首脑决定把韩俄关系从“建设性互助伙伴关系”提升为“全面合作伙伴关系”。韩俄两国关系升格，根本原因归纳起来有三个：[1]

---

① 徐宝康：《韩俄提升两国关系》，《人民日报》2004 年 9 月 23 日。

首先，近年来韩国根据国际局势的变化，注重与中、美、日、俄“四强”发展关系，韩国与中国建立起“全面合作伙伴关系”后，又调整了与美国和日本的关系。如何提升韩俄关系，已成为韩国“四强”外交的紧迫课题。俄罗斯为了进军亚洲，尤其是为了在朝鲜半岛发挥作用，也把提升与韩国的关系视做既定外交方针之一。

其次，发挥各自经济优势，力争双赢。韩国认为，俄罗斯是继中国之后的又一潜在大市场，韩国在汽车、半导体、信息等领域具有优势。随着世界能源问题的日益突出，为确保能源供给，韩国急需与俄合作。俄罗斯能源丰富，在宇航等领域优势明显，急需利用韩国的资本发展其经济。双方经济发展的步伐推动着韩俄关系迈上新台阶。

再次，两国首脑都对推动朝鲜半岛的和平与稳定持积极态度。韩俄首脑会晤除成功地提升了两国关系外，双方还签署了一系列政府间协定以及大的商业合同和议定书，其合同总额高达40多亿美元。根据韩俄双方签署的《航天技术合作协定》，韩国在2007年正式开展培养本国太空人才的事业。双方还宣布在实施连接跨西伯利亚大铁路和南北方铁路计划方面积极协作。2004年9月22日，卢武铉与俄企业界人士举行座谈，推动了两国经贸关系的发展，并指出韩俄发展经济合作将促进朝鲜半岛乃至整个东北亚地区的稳定。

卢武铉总统访俄为韩俄关系发展注入了新的活力，使两国在各个领域尤其是经贸领域的合作迈上了一个新台阶。韩俄“全面合作伙伴关系”的建立是韩国推行东北亚四强外交的重要举措，意味着两国将以相互信任为基础，在贸易、投资、能源、科学技术等领域扩大交流与合作。韩国舆论认为，两国关系定位的升格，标志着韩俄关系进入了新的阶段，将对东北亚地区的繁荣和发展产生积极影响。①

李明博政府执政后，明确提出要推行“有原则的实用外交”，在巩

---

① 徐宝康：《韩俄提升两国关系》，《人民日报》2004年9月23日。

固韩美同盟、发展韩日友好关系的同时，加强与中国和俄罗斯的合作。2008 年 9 月，作为践行四强外交的最后一站，李明博对俄罗斯进行了正式访问。以李明博总统此次访俄为契机，韩俄两国在双边关系定位上出现了质的飞跃，即将两国的政治关系从卢武铉政府时期的“相互信赖的全面伙伴关系”提升至“战略合作伙伴关系”。双方决定，在韩国引入俄罗斯天然气、共同研究朝鲜轻油输油管铺设问题、开发西堪察加海上矿区、小型卫星发射体等宇宙领域合作等方面扩大合作范围，并加强能源、资源、经济领域合作。韩俄领导人会谈后都认为，两国应进一步加强最高级别的政治对话，全面促进各领域和部门之间的接触与交往。随着韩俄关系的提升，两国不仅在经济、文化等领域，还将在政治、军事、外交、安保等领域扩大交流与合作，韩俄关系将进入一个新的发展阶段，对东北亚和俄罗斯远东地区发展产生积极影响。此外，基于当时对原油价格大幅攀升和原材料价格飞涨的考虑，李明博政府强调能源外交，提出了强化资源外交、构建国家间能源合作纽带、构建东北亚经济安全共同体的构想。俄罗斯是一个石油、天然气资源蕴藏极为丰富的世界能源强国，俄罗斯也把能源作为推行其外交政策的有效工具，力图通过能源外交重振其大国地位。因此，在东北亚地区，韩国的能源外交以俄罗斯为主要对象，重点加强与俄罗斯的经济合作，以振兴韩国经济。

在李明博担任韩国总统的 5 年时间里，曾先后 4 次对俄罗斯进行访问，是在任期间访俄次数最多的韩国总统。2010 年是韩国与俄罗斯建交 20 周年，2010 年 9 月李明博出席了在俄罗斯雅罗斯拉夫尔举行的国际政治论坛，其间俄罗斯总统梅德韦杰夫与李明博举行了会晤，双方就二十国集团首尔峰会、两国关系发展、经济合作以及朝鲜半岛形势等共同关心的问题交换了意见。韩俄领导人此次会晤意在通过加强政治、经济、能源等多领域合作，扩大和审核韩俄“战略合作伙伴关系”，进一步扩大和提升两国伙伴关系水平。2011 年 11 月，李明博第三次访问俄罗斯，出席第二次“韩俄对话论坛”（KRD）并发表讲话。该论坛是两国首脑商定构筑的韩俄对话机制，第一次韩俄对话论坛于2010年11月在首尔举行。李明博表示，韩俄在远东西伯利亚地区开展的合作令人鼓舞，加强经济合作将有助于实现两国关系发展和东北亚的繁荣与和平。① 2012年9月8日，李明博总统同俄罗斯总统普京举行首脑会谈，这是普京再次当选总统后，韩俄首脑首次举行的会谈，双方商定为实现朝鲜半岛和平共同努力，并在科技合作、韩朝俄输气管道建设项目、远东西伯利亚地区开发等领域加强实质性合作。韩俄两国频繁进行高层互访，大力推动了两国的政治对话，增进了政府人员的交流与沟通，韩俄两国在投资、贸易、能源、军事技术合作、航天领域都保持着密切合作。可以预见，韩俄关系发展的良好势头将会继续保持下去。两国关系发展将继续以能源为主，重点突出韩国与俄罗斯的经济合作，特别是加强开发远东经济的战略合作，开辟韩国新的能源供应渠道和进入中亚与欧洲地区的陆路通道，为韩国经济发展注入新的活力。可以相信，能源合作和技术交流将成为进一步提升韩俄关系的催化剂，韩国政府会为加强韩俄关系而加倍努力，两国还可以在宇宙开发、渔业、IT等方面加强合作。

第三节　韩俄经贸关系的稳步发展

经贸交往是韩俄双边关系发展的重要组成部分。韩俄间经贸合作有很强的互补性，但两国间的经济往来远远没有达到双方预想的水平。在双方经贸合作不断改善的情况下，两国的经贸合作还是很有潜力的，韩俄两国的经贸交往必将呈现出进一步扩大的趋势。

---

①《韩俄在远东地区的合作令人鼓舞》，http：/chinese. yonhapnews. co. kr/newpgm/9908000 000. htm l? cid = ACK20111102002800881。

一、韩俄双边贸易与投资合作

韩俄经济关系是1988年韩国与苏联互设贸易办事处后开始的。1988年12月，韩国在莫斯科设立了贸易与投资代表处，苏联则在汉城设立了贸工代表处，双方经济合作进入直接贸易合作阶段。1988—1991年，两国双边贸易额从近3亿美元增加到12亿美元。1991年底苏联解体，双边贸易额减少。1993年，随着叶利钦政权的稳定，韩俄贸易很快又得到恢复和发展，经济交流迅速增加。当年双方的贸易额增至15.8亿美元，较1992年增长了83.4%（其中韩对俄出口额为6亿美元，增长了64.9%；进口额为9.8亿美元，增长了97.1%），1994年为21.9亿美元，较1993年增长了39.1%（其中韩对俄出口额为9.6亿美元，增长了60%；进口额12.3亿美元，增长了25.5%），1995年1—6月为13.7亿美元，较1994年同期增长了36.9%。[①] 1996年双边贸易额达到37亿美元，1997—1998年爆发的东亚金融危机使韩俄两国双边贸易额锐减，2000年以后韩俄贸易出现恢复势头。

从两国的经济结构看，韩俄双方具有明显的互补性。俄罗斯远东地区有丰富的森林资源、黑色金属矿产和水产资源，以及石油、天然气、煤炭和一些重化工产品；韩国能源和工业资源贫乏，谷物储备不足，劳动力短缺。俄罗斯远东农产品和轻工产品严重短缺，缺少劳动力和资本，工业设备陈旧且管理落后；韩国有过剩的资本、先进的设备和技术、先进的工业品。[②] 此外，韩俄两国的进出口商品结构也有一定的互补性，可部分满足各自国内市场的需求。韩俄两国这种优劣的互补，使两国合作得以实施，双边贸易迅速恢复，呈上升趋势。2001—2005年

① 张宝仁：《韩俄经贸合作现状与前景剖析》，《东北亚论坛》1998年第1期。
② 毕岩：《俄韩经济合作情况及前景分析》，《西伯利亚研究》2003年第5期。

间，韩国对俄罗斯出口年均增长43%，2006年两国贸易额为近100亿美元，韩国对俄罗斯贸易顺差6亿美元。2007年以来，韩国对俄罗斯的出口大幅增加，俄罗斯已成为韩国的十大出口对象国之一。2007年前8个月，韩对俄出口额达到50.19亿美元，同比增加46.8%；汽车出口额为23.3亿美元，同比增加103%；电子产品的出口额则达到7.32亿美元，同比增加196.4%。此外，出口塑料5.01亿美元、船舶类4.78亿美元、机械类3.5亿美元，这些产品的出口同比也增加了13%—44%不等。① 尽管两国贸易额增加很快，但是相比其他国家，两国的贸易规模仍然有限，双边贸易占各自贸易总额的比重较小。

据韩国产业资源部2008年1月初公布的数据显示，2007年韩俄两国贸易总额达150.6亿美元，韩国对俄罗斯的贸易顺差为11亿美元。而2007年韩国进出口贸易总额达7285亿美元，贸易顺差达151亿美元。这样，韩俄双边贸易额仅占韩国当年贸易总额的2%，对外贸易顺差总额的7.5%。

表4—1　韩国公司对俄罗斯东部地区的投资一览表（1990—2005年）

年份	合同方案	实际方案	合同投资额（千美元）	实际投资额（千美元）
1990	3	3	16537	16156
1991	2	2	911	911
1992	8	4	3475	2305
1993	14	10	2946	1317
1994	14	12	55742	21795
1995	11	11	17976	15300

① 林治华：《东北亚区域经济合作新态势：俄韩经济合作及其影响》，《东北亚论坛》2008年第4期。

续表

年份	合同方案	实际方案	合同投资额（千美元）	实际投资额（千美元）
1996	7	1	443	20
1997	5	2	24225	12762
1998	0	0	0	0
1999	3	3	1572	740
2000	4	3	2430	771
2001	5	3	2053	863
2002	7	5	507	429
2003	9	7	3070	2324
2004	8	6	77662	12668
2005	3	3	530	400
总计	103	75	210079	88761

资料来源：李辰云：《俄罗斯与韩国的经济合作》，《世界经济与国际关系》2007 年第 9 期，第 37 页。

韩俄贸易规模相对较小的原因之一，是韩国对俄罗斯的投资规模不大。1990 年 12 月，韩苏双方签订了《投资保护协议》和《避免双重征税协议》，奠定了直接投资的法律基础。韩俄建交后，俄罗斯潜在的巨大市场、丰富的自然资源、低廉而熟练的劳动力以及高科技的发展，对韩国企业具有很大的吸引力，但是韩国对俄罗斯的直接投资却发展缓慢。从表 4—1 中可以看到，两国建交后的头两年（1990—1991 年），虽然韩国对俄罗斯的投资项目较少，分别是 3 项和 2 项，但资金投放规模较大，分别为 1615. 6 万美元和 911. 0 万美元。从 1992 年开始韩对俄投资项目逐年增加，但投资规模却呈下降趋势。直至 1994 年，韩国对俄投资规模有所扩大，1995 年投资规模又开始减少。自 1998 年后投资趋势增强，到 2004 年投资额明显增加。从投资项目数量来看，自 1993 年和 1994 年出现高峰后又开始下降。2000 年后的几年里投资项目数量又开始增加，但是始终没有达到20世纪90年代中期的水平，韩对俄投资规模相对较小，且大项目投资不多，多数属于中小型项目投资。韩国对俄投资具有以下特点：

第一，投资规模小。从总体规模看，2005年俄罗斯吸引外国直接投资130亿美元，其中韩国仅占0.27%。2006年韩国对俄实际投资累计总额3.72亿美元，项目数为198项，韩国对俄罗斯直接投资金额和件数分别只占同期韩国对外总投资额的0.5%。

第二，投资结构以制造业为主。制造业投资占韩国对俄直接投资的31.1%，制造业在韩国全部海外投资中也占主导地位，批发零售业和采矿业分别占投资总额和投资项目两项指标的第二位。韩对俄制造业的投资包括伐木、食品加工、家电组装、钻石加工和船舶修理等多个领域，其中对俄服装业的投资最多。

第三，韩国对俄投资地区过分集中。韩国对俄罗斯的投资方式，以独资为主，合资方式较少，且主要集中于俄罗斯远东地区。这主要是因为该地区在地理上临近韩国，资源丰富，且当地朝鲜族居民较多，为韩国投资提供了有利条件。2000年后，大量的资金开始投向马加丹州、堪察加州、萨哈林州和哈巴罗夫斯克边疆地区，即实现了投资区域分散化。①

第四，韩国对俄直接投资规模呈上升趋势。2001年，韩国对俄平均每个项目投资额不到150万美元，随着两国经济状况的好转，2002年以后虽然投资项目数量减少，但是每个项目的平均投资额增加到200万—300万美元，呈扩大趋势。

韩国对俄投资虽然缓慢，但也在逐步发展，对俄投资对韩国企业具有重要意义。因为韩国国内资源不足，位于大陆的末端，经济增长只能

① 林治华：《东北亚区域经济合作新态势：俄韩经济合作及其影响》，《东北亚论坛》2008年第4期。

依靠海外市场。俄罗斯不仅与朝鲜半岛接壤，而且直接连接到欧洲，可以为韩国提供巨大的市场。俄罗斯对韩国来说不仅是个自然资源宝库，而且其大部分地区没有被开发，今后随着俄经济的发展，将会有庞大的开发需求，可能创造巨大的附加价值。不仅如此，近年来俄罗斯政治形势趋于稳定，经济状况大幅度好转。在引进外资方面，俄罗斯修订了原来的外国人投资法、关于生产物分配的法律、租税法等相关法律，改善了原来不合理的会计处理方式，积极努力引进外资。因此，韩国也在努力扩大与俄罗斯的经济交流与合作，现在两国已签署了一批有关资源开发和高科技合作的意向性协议。① 据韩关税厅公布的统计资料显示，2007 年俄罗斯跻身韩十大出口对象国之列，对俄出口额 80.9 亿美元，同比大幅增长 56.2%，增幅位居韩出口对象国（地区）首位。出口增势引领直接投资持续升温，韩现代汽车、三星电子、LG 电子、乐天集团等大公司大举展开以绿地型投资方式、1 亿美元以上大型投资规模、制造业投资领域为主的投资模式，在俄掀起直接投资热潮，② 为今后进一步发展两国经济关系打下了基础。

2008 年爆发的国际金融危机给韩俄经贸合作带来了负面影响，世界能源价格下降，导致 2009 年两国贸易总额和数量下降。2009 年以来，随着两国逐渐摆脱经济危机，韩国李明博政府也很重视和俄罗斯的经济合作，在韩俄“战略合作伙伴关系”下，两国政府都加大了经贸合作力度，特别是签署了经由朝鲜的连接铁路和天然气管道的协定，将朝鲜半岛与俄罗斯的西伯利亚连接了起来，为下一步双方密切经贸往来提供了便利。2010 年韩俄贸易额为 177 亿美元，接近金融危机前的水平。2011 年两国经贸额达到 250 亿美元，实现了两国元首曾确定的 200 亿美元的目标，2012 年韩国和俄罗斯之间的贸易总额达到 175 亿美元。

---

① 张慧智：《大国关系中的朝鲜半岛》，吉林大学出版社，2003 年，第 318 页。

② 《韩国企业投资俄罗斯持续升温》，中华人民共和国驻大韩民国大使馆经济商务参赞处，http：// kr. mofcom. gov. cn/aarticle/jmxw/200802/20080205369826. html。

但在投资领域，两国之间的直接投资还很有限。为了扩大投资贸易合作，2010 年 9 月韩俄签署了限时雇佣工作协定，两国将缩短签证签发时间、改善当地居住注册制度等，以扩大贸易和投资合作。[①] 在截至 2011 年底的 5 年里，韩国对俄罗斯的直接投资为 17 亿美元，而俄罗斯对韩国的直接投资额仅为 2730 万美元，两国在贸易投资领域的合作有待于进一步加强。

如上所述，韩俄间的经贸交往有很强的互补性，经济合作一直是两国首脑会谈重点讨论的问题，显示出两国正在拓展互补互利的经济合作。在双方经贸合作不断改善的情况下，韩俄两国的经贸交往必将呈现出进一步扩大的趋势。

二、韩俄技术交流

俄罗斯是韩国太空计划的首选合作伙伴，俄罗斯参与了韩国卫星、运载火箭的研制和发射，也希望加强同韩国在合成材料、通信系统等领域的合作，尖端技术合作同样是两国经济交流中的重要组成部分。韩苏建交后，1990 年 12 月，两国签订了《政府间科技合作协议》和《原子能合作议定书》；1991 年 2 月，“韩俄科学技术合作中心”在汉城成立，在莫斯科则成立了“俄韩科学技术合作中心”；1991 年 6 月，韩俄两国签订了关于技术转让、商业化和人员交流的协议；1992 年 11 月，双方缔结了《韩俄科学技术合作共同委员会条约》；1999 年 5 月，叶利钦总统访韩期间，与金大中总统共同签署了《原子能合作协定》，韩产业资源部和俄经济部还缔结了《产业合作谅解备忘录》。通过与俄罗斯的科技合作，韩国从过去单纯地以美、日为主的科技政策体制中解脱出来。

① 《韩俄就扩大投资贸易合作达成共识》，http：//www. mofcom. gov. cn/aarticle/i/jyjl/j/201009/ 2010 0907153581. html。

韩国与俄罗斯技术合作的短期目标是尽快引进俄先进技术，满足国内中小企业的技术需求，提高国内研究开发能力和产业技术竞争力。长期目标是充分利用俄研究开发能力，克服国内研究开发的局限性，提高本国的自主研究开发能力。[①]

1994—1997年间，双方先后成立了韩俄能源研究中心等7个研究机构，这些研究机构由韩国提供资金，俄方提供设施和研究人员，双方共同从事科学研发工作。在韩俄技术合作中，军事技术合作占重要地位。韩国首要的任务是获取军事核心技术，韩俄在航空航天领域的合作进展最有成效。2001年5月，两国签订了《韩俄宇宙技术合作草案》，其内容是到2015年制造20颗人造卫星，并建立起韩国独立发射卫星的发射站。该草案于2003年5月正式签署，9月韩国人造卫星“科学1号”的成功发射，使韩国人认识到同俄罗斯开展科技合作的益处。韩国人意识到要在航空、宇宙、尖端技术领域取得快速发展，只能依靠俄罗斯获得相关技术。2004年5月，韩国国防发展局宣布，韩国已开发出能使导弹发射台垂直弹射出的导弹在空中点火的技术，这使韩国成为继俄罗斯之后世界上第二个拥有这种技术的国家。[②] 此外，2004年卢武铉总统访俄期间，两国签订了《航空技术合作协定》，其主要内容为“为了让韩国宇航员于2007年之前顺利登上俄罗斯宇宙飞船，两国共同致力于宇航员培养事业”。[③] 根据此协定，从2007年开始俄罗斯正式为韩国培养宇航员。当年3月7日，两名韩国宇航员开始在俄加加林宇航员培训中心接受为期1年的太空飞行训练。2008年4月8日，韩国首位宇航员李素妍与两名俄罗斯宇航员一道搭乘俄“联盟TMA－12”号载人飞船前往空间站，在空间站上停留8天，并参与18项科学实验，韩俄

① 张慧智:《大国关系中的朝鲜半岛》，吉林大学出版社，2003年，第320页。

② 任明、胡仁霞:《韩俄经贸合作的现状和战略走势》，《西伯利亚研究》2005年第3期。

③ 《韩俄关系发展为“全面伙伴关系”》，《东亚日报》2004年9月21日。

合作顺利完成了太空之旅。此外，2010 年之后韩国有 4 家技术合作中心正在同俄方相关部门一起从事卫星发射合作、多用性实用卫星发射、韩国人宇航员培训等合作项目。

比较而言，科技合作是韩俄经济合作中较为成功的领域，韩国从中获得了相当大的利益，提高了本国的研究开发能力，但也存在一些问题。韩国企业和研究机构无视俄方的条件和需求，总想以低成本获得俄方技术，力求迅速获利，并大量引进俄工程师和科学家，这种态度和做法引起了俄方的不满。[①] 随着俄罗斯经济的恢复，俄政府开始注重知识产权的保护，为了防止本国尖端科技流出，俄罗斯逐渐采取了种种措施，防止高科技和高科技人才外流。因此，韩国应更加积极地通过与俄罗斯专门机构的合作，增加对俄罗斯科学技术的投资。

第四节　韩俄加强能源合作

能源安全是国家安全的重要组成部分，是确保世界各国国民经济安全和竞争力的重要因素。冷战结束后，各主要国家和地区都在提升能源在国家经济安全中的战略地位，能源作为一种特殊的商品越来越受到世界各国的关注。韩国是一个资源尤其是能源贫乏的国家，韩国的石油几乎完全依赖进口。在天然气进口方面，韩国已是继日本之后的全球第二大液化天然气进口国，其国内天然气价格高于国际市场价格。为确保能源的稳定供给，韩国急需寻找能源合作伙伴，进行共同开发。在其他矿产资源上，韩国也严重依赖进口。作为典型的资源匮乏的外向型经济体，能否保证能源和资源供应，是韩国生存和发展的关键之所在。

---

① 张万里：《俄韩经济合作的现状和前景》，《西伯利亚研究》2003 年第 2 期。

俄罗斯从苏联继承了极其丰富的能源资源储备，其石油、天然气资源蕴藏极为丰富。俄罗斯地跨欧亚两洲，其东部地区是其领土的亚洲部分，包括西伯利亚和远东两个联邦区，俄罗斯的矿产储量潜在价值约30万亿美元，其中西伯利亚与远东地区占25万亿美元，蕴藏着全俄罗斯80%以上已探明的各种矿物资源，其中首先是燃料动力资源。[①] 俄罗斯是世界级能源强国，也是东北亚地区能源资源最丰富的国家之一，俄罗斯始终将能源作为推行其外交政策的有效工具，力图通过能源外交重振其大国地位。东北亚地区的能源合作主要围绕俄罗斯展开，俄罗斯在东北亚能源供应中占有重要地位，其亚太政策的一项重要内容，是使其西伯利亚和远东地区在经济上同韩国等亚太地区“接轨”。[②] 俄罗斯的亚太政策为韩俄扩大能源合作创造了良好机遇，俄罗斯是世界上主要的能源输出国之一，而韩国是主要的能源输入国之一，两国在能源合作方面有很强的互补性。韩国和俄罗斯都非常重视两国的能源合作，双方共同开发远东和西伯利亚地区的自然资源。

早在1989年，现代集团主席郑周泳就建议修建从雅库特经朝鲜至韩国的天然气管道。1992年11月韩俄首脑会谈后，韩国天然气公司被授权代表韩国政府谈判该项目。1995年底，韩俄两国完成了开发萨哈天然气田的技术和经济可行性研究。根据协议，将修建一条从雅库特穿越哈巴罗夫斯克、滨海两边疆区的天然气管道，预计天然气年产量为300亿—450亿立方米，其中150亿—280亿立方米出口到朝鲜半岛。工程全部费用估计为170亿—230亿美元，供应期可持续50年；获利的70%归俄方，其余30%归外国投资方。[③] 但后该项目因其他原因而被搁置，没有实施。此后，韩国将注意力转移到科维金斯克项目上。

---

① 周方银：《大国的亚太战略》，社会科学文献出版社，2013年，第139页。

② 王复士：《俄罗斯同朝鲜半岛南北两方经济关系的发展趋势》，《东欧中亚研究》1996年第3期。

③ 张万里：《俄韩经济合作的现状和前景》，《西伯利亚研究》2003年第2期。

1996年，韩国取得了俄罗斯远东伊尔库茨克地区油气田的独家开采权，总投资200亿美元，估计到2010年油气产量可达1500万吨，其中的1200万吨运往韩国，可满足韩国总需求量的一半。2000年俄远东萨哈林地区开始产油后，韩国开始从俄罗斯进口石油。此前，韩国一直是从中东进口石油。

2000年以后，中东地区政治局势不稳，中国、日本和韩国都希望通过增加天然气消费来达到减少环境污染和减少对中东石油依赖的目的。天然气的环保功能强于石油，其使用前景看好，“东北亚天然气管道国际会议”自1995年以来多次召开就是一个信号。俄罗斯的天然气储量居世界第一位，其远东和西伯利亚占全俄土地面积的3/5，地处东北亚。2000年俄罗斯天然气探明储量为46.1万亿立方米，2005年俄罗斯天然气新增探明储量6600亿立方米，15年来新增储量首次超过开采量。[①] 俄罗斯远东地区丰富的油气资源和地理位置成为东北亚各国争夺的对象，而韩国几乎没有自己的油气资源，2002年的天然气消费量为219亿立方米。据专家预测，到2020年，韩国对天然气的需求量可能要翻一番。[②] 为确保能源安全，到俄罗斯寻找油气资源成为韩国最关心的问题。

自2001年开始，韩、俄、中三国商议共同开发伊尔库茨克天然气及建设相关管道项目。伊尔库茨克附近的科维金斯克气田天然气储量估计为8700亿立方米，天然气凝缩液4000万桶，从1996年12月起韩国天然气公司对科维金斯克气田开发进行了为期8个月的初步可行性研究。1999年2月江泽民访俄期间，俄罗斯石油公司和中国国家石油公司签订了关于对科维金斯克项目进行可行性研究的协议。同年5月金大中访俄期间，韩国也加入了该项目，使其成为一个三边合作项目。2003

---

① 周茂荣、石兵兵：《俄罗斯与东北亚天然气合作》，《东北亚论坛》2008年第4期。

② 刘清才：《俄罗斯东北亚政策研究：地缘政治与国家关系》，吉林人民出版社，2006年，第85页。

年11月，俄罗斯、中国和韩国就总投资170亿美元的天然气管道合作项目达成了共识，这标志着中俄韩跨国天然气管道工程项目的第一阶段工作已经完成。投产后，俄罗斯每年可分别供给中国200亿立方米、韩国100亿立方米的天然气，期限是30年。①

2003年2月，卢武铉就任总统后，将“和平与繁荣的东北亚时代”作为国政目标。为此，韩国制定了《21世纪国家发展战略纲要》，积极参与东北亚区域内的经济合作，实现经济的“第二次腾飞”，争取在5—7年内把韩国建设成为“东北亚经济中心”、“东北亚中枢国家”，确保其在东北亚经济中的“主导”地位。② 但是，自2003年伊拉克战争开始以来，韩国经济受到冲击。能否解决好能源问题，成为卢武铉的“东北亚中枢国家”构想能否顺利推行的关键课题之一。因此，韩国更加关注俄罗斯东部地区的油气资源，选择俄罗斯东西伯利亚为突破口，加强在动力、能源等领域同俄罗斯的合作。韩国财经部长官李宪宰称，韩国需要从西伯利亚和远东地区进口油气，实现能源进口多元化，降低风险。③

2003年5月，韩国天然气公司与俄罗斯天然气工业股份公司签署了购买俄罗斯天然气的协议，同时双方谈论了建设输气管道的前景。俄罗斯天然气工业股份公司表示将参股韩国天然气公司，成为其股东之一。

2004年9月，卢武铉访问俄罗斯时，将韩国的能源外交推向了高潮。韩俄两国达成了以下能源合作项目：一是，韩国石油公司和俄罗斯国有石油公司就有关开发远东西伯利亚地区能源，签订了以共同开发萨哈林和堪察加地区的油田为内容的《合作协议》。该地区油田中，预计

---

① 郭力：《俄罗斯东北亚战略》，社会科学文献出版社，2006年，第212页。

② 林治华：《东北亚区域经济合作新态势：俄韩经济合作及其影响》，《东北亚论坛》2008年第4期。

③ 陈扬：《韩国到独联体找能源》，《环球时报》2004年9月24日。

韩国所占的配额将达到17亿桶油，这是超过年均原油进口量（8亿桶）2倍的规模。二是，韩国LG商社与塔塔尔斯坦国有石油公司就共同建设炼油化学园区达成协定，此项建设规模为17.04亿美元。三是，韩国三星物产公司和俄罗斯石油公司签署了建设远东重镇哈巴罗夫斯克炼油工厂的协定，韩方将投资4亿美元。四是，韩国进出口银行和塔塔尔斯坦共和国签署了开发石油化学园区工程的合同协议，韩方将投资6亿美元左右作为资金支持。[①] 卢武铉在出席俄企业人士座谈会时强调，韩国是俄罗斯在能源领域合作的好伙伴，韩国准备向俄罗斯西伯利亚地区投资，并参与该地区自然资源的开发。此外，为了将西伯利亚天然气引入韩国，两国首脑还决定推进两国间天然气合作协定的签署工作，并计划协商有关韩国参与东西伯利亚输油管的建设工程的方案。韩国认为，卢武铉此次出访的一项突出成果是“资源外交”大获丰收，韩国为共同开发石油等项目将向俄罗斯投资40亿美元。

为落实韩俄能源合作，卢武铉和普京就开发远东西伯利亚地区油田和天然气田开展“能源战略对话”，并制订出具体的行动计划，引导双方公司的能源合作。2005年2月，韩方与俄石油公司签订了投资1060万美元的石油开采协议，以保证合作项目的完成；同年5月，韩国政府组建了包括7家韩国大公司的隶属于韩国石油总公司的康采恩，其50%的股份由韩国总公司掌控。此外，韩国还希望参与俄远东“萨哈林三号”油气田开发项目。根据两国政府间的天然气合作协议，俄罗斯准备从2012年或2013年起，每年向韩国出口100亿立方米天然气。双方将签署为期30年的天然气供应长期合同。[②] 2005年11月9日，韩国总统卢武铉和俄罗斯总统普京在韩国釜山举行会晤，双方签署了《韩国与俄罗斯关于在经贸领域深化合作的行动计划》，决定深化两国“全面合

---

① 《韩俄关系发展为“全面伙伴关系”》，《东亚日报》2004年9月21日。

② 林治华：《东北亚区域经济合作新态势：俄韩经济合作及其影响》，《东北亚论坛》2008年第4期。

作伙伴”关系。韩俄双方在计划中同意在能源、资源、航天和科技领域开展合作，其中包括共同开发远东、西伯利亚石油和天然气，以及共同进行东西伯利亚至远东太平洋岸边的输油管道项目等。

李明博担任韩国总统后，重点开展与俄罗斯的能源外交。早在1989—1991年期间，李明博就曾多次访问过苏联，对它的能源情有独钟。他在《绝非神话》一书中写道：“苏联对于我们的意义不比美国小，它是世界上资源最丰富的国家，而我们却是资源最贫乏的国家。这是必须进军苏联的最直接原因。”他甚至认为，“进口苏联天然气对21世纪的韩国等于是开拓了北方广阔的领土”。[①] 李明博当选总统后再次强调，对俄罗斯西伯利亚东北部发展计划“很感兴趣”，支持在有朝鲜参与的情况下就开发东西伯利亚同俄罗斯进行合作。李明博说：“如果说2月份新政府宣誓就任，那么现在立刻可以开始同俄罗斯合作，如果需要的话，可以利用朝鲜的劳动力。”他还指出，“俄罗斯拥有韩国需要的能源资源，双方的合作将是互利双赢的”。[②] 这样不仅有利于韩国经济的稳定，还将有助于东北亚的经济合作和俄罗斯自身的全面发展。基于对原油价格大幅攀升和原材料价格飞涨的考虑，担任总统后的李明博强调能源外交，表示资源是实用主义外交的核心，提出了强化资源外交、构建国家间能源合作纽带、构建东北亚经济安全共同体的构想。因此，在东北亚地区，韩国的能源外交是以俄罗斯为主要对象，将重点加强与俄罗斯的经济合作以振兴韩国经济。

此外，加强经济及能源合作是韩俄领导人会谈的主要议题，俄罗斯政府希望韩国企业积极参与远东和外贝加尔地区的社会开发计划。因此，鉴于韩国比较注重能源外交，韩俄两国的合作关系有望加强，双边关系可能有更大的发展余地。2008年9月29日，韩国天然气公司和俄

---

① ［韩］李明博：《绝非神话》，北京出版社，2006年，第247页。

② 《韩国新总统：韩国准备参与开发东西伯利亚》，http://rusnews.cn/guojiyaowen/guoji_caijing/20071221/41998958.html。

罗斯国家天然气公司缔结了价值 120 万亿韩元的《谅解备忘书》，其核心内容是从 2015 年开始俄罗斯将向韩国每年提供 750 万吨的天然气，合约为期 30 年。为此，两国将优先推进经过符拉迪沃斯托克—朝鲜—韩国的天然气管道埋设工程。[①] 李明博的智囊团还计划在韩建立可进行国际交易的"石油现货市场"，意图掌握石油主导权；同时支援民间开发海外油田，构思建立连接朝鲜半岛—俄罗斯—中国—中亚—中东的能源"丝绸之路"。[②]

2009 年 2 月 19 日，韩国与俄罗斯萨哈林能源公司签署了长达 20 年的液化天然气进口合同，该合同的执行将有效降低韩国对中东和东南亚天然气的依赖。同年 8 月 7 日，两国能源部门签署了《韩俄能源合作行动计划》。该计划包括天然气供应、油气田开发、电力产业、能源设备生产和供应、矿物开发、核能合作、可再生能源开发 8 个领域的合作项目，对能源政策进行研究，并促进两国大学的交流与合作。2011 年 11 月 1 日，在圣彼得堡举行的韩俄对话（KRD）论坛上，俄罗斯天然气工业股份公司首次公开了与韩国天然气公司签署的"管道输气项目落实路线图"，即连接俄、朝、韩三国的输气管道落实方案。根据该方案，俄罗斯从 2017 年 1 月起向韩国供应天然气。成功推动韩国经由朝鲜引进俄罗斯天然气的项目，将创造"三赢效益"：改善朝韩关系、降低韩国天然气价格、为俄朝带来丰厚收益，同时也有利于朝鲜半岛以及东北亚地区的稳定。然而，由于朝鲜半岛的紧张局势，这个管线工程严重受阻。此外，石油也是俄罗斯对韩出口的重要能源商品。

综上所述，韩国作为当今世界的能源消费大国，为保障能源安全，在与俄罗斯开展能源合作的过程中，采取了积极主动的态度，为经济发展积蓄力量。韩俄能源合作不仅仅是购买成品油，而是将勘探和开采油

---

① 《韩俄签署巨额能源协议，将建立途经朝鲜的天然气管道》，http：//world. huanqiu. com/ roll/2008 –09/241596. html。

② 转引自马建英：《论李明博政府的实用主义外交》，《东北亚论坛》2009 年第 1 期。

气项目结合起来，这是韩国对俄“能源外交”能够顺利展开的重要原因。韩俄两国能源合作虽然历史较短，但潜力巨大，韩俄在能源合作方面具有很强的互补性，这对促进两国经济、政治关系的发展无疑起着积极的推动作用，韩国与俄罗斯开展能源合作还有利于东北亚地区的和平与稳定。

小 结

从1990年6月在圣弗兰西斯科举行第一次韩俄首脑会谈至韩国李明博政府执政末期，两国已实现外交关系正常化22周年，韩俄建交22年间，两国由“建设性互补伙伴关系”发展为“战略合作伙伴关系”。如果说20世纪韩俄“建设性互补伙伴关系”的确立体现了韩国政治外交方面考虑的话，那么本世纪韩俄“战略合作伙伴关系”的发展则是韩俄两国政治、经济利益的驱使，有利于韩国国家利益的实现，同时也增强了俄罗斯在东北亚地区事务上的影响力。到目前为止，韩俄两国在政治、经济领域形成了多方位、多层次的合作框架。两国定期举行总统、总理和议会领导人高级会晤，缔结了政治、经济、军事、外交、文化等一系列协定。两国在广泛开展政治、经济、文化等领域交流的同时，加强了在东北亚地区事务上的合作。韩俄两国都主张和平解决朝核问题，曾在六方会谈框架下达成了共识，增进了有关各方的相互了解和交流，使和平解决朝核问题成为可能。虽然六方会谈的重启困难重重，但确实增加了国际社会对于在多边框架下理性的国际政治行为方式的肯定。而俄罗斯为提升在东北亚地区的主导权，对此也表示了积极的态度。另外，在东北亚地区安全机制缺失的情况下，韩俄两国都主张建立东北亚多边安全合作机制。苏联解体后，俄罗斯实行的是欧亚平衡的地缘战略，积极参与东北亚和亚太地区的政治与安全对话。在朝鲜半岛周边四强国家中，俄罗斯最先提出在东北亚地区建立多边安全合作机制。俄罗斯总统普京上任后，在朝鲜半岛南北双方之间实行平衡的政策，特别是朝核危机爆发后，俄罗斯积极参与六方会谈，对多边谈判的支持和积极参与能在一定程度上恢复俄罗斯在朝鲜半岛的传统影响，有助于维持它在东北亚地区的利益和在世界政治舞台上的大国地位。韩国一直以来也是建立东北亚多边安全体制的积极倡导者，韩国的目的是通过维持周边大国的均衡状态，为自身创造安全稳定的周边环境；希望在地缘政治上处于核心地位的韩国在东北亚扮演大国间关系调停人、仲裁者的角色，“成为四大强国（美、中、日、俄）中间的平衡杠杆”，使韩国从“一种依附的势力变成在东北亚具有支配势力的先进国家”。[①] 在多边安全合作上，韩国强调在完善韩美同盟关系的同时加强与美、中、日、俄等国家的合作，并提出了建立东北亚多边安全机制四原则。[②] 韩国欢迎俄罗斯给东北亚地区带来积极的影响，俄罗斯则希望在朝鲜半岛全面发挥作用，韩俄两国政治、经济合作的日益加深为两国在建立东北亚安全合作新框架中进一步加强战略合作奠定了更加坚实的基础。

总之，韩俄关系的发展符合双方的国家利益，两国关系的发展和完善对两国有利，对东北亚地区的和平有利。韩俄双方从重申朝鲜半岛无核化、和平解决朝鲜核问题到倡议建立东北亚多边安全体制，两国在朝鲜半岛及东北亚地区事务中存在许多共同利益。而且，朝韩两国与俄罗斯山水相连，是俄罗斯东部的重要邻国，俄罗斯非常关心这一地区的和平与稳定，努力为其落后的远东地区发展创造良好的外部环境。此外，

---

① 韩升洲：《东北亚的多边安全》，《东亚日报》1993 年 8 月 9 日。

② 韩国提出东北亚多边安全机制四原则：（1）任何多边安排都不应削弱现有双边机制；（2）首先应进行安全对话，增加信任，形成磋商机制，逐步推进；（3）除政府间渠道外，应促进更为坦率和自由的第二渠道非官方对话；（4）多边对话必须涵盖地区内各国。参见金镇炫：《韩国的蓝图和目标》，《当代韩国》1995 年春季号。

俄罗斯丰富的自然资源对韩国有巨大的吸引力，朝俄铁路连接可以大大降低朝鲜半岛与欧洲间的物流费用，韩国还可以通过与俄合作加强与朝鲜的经济合作，进一步发展韩俄之间的关系符合两国人民的利益，韩俄加强合作有利于朝鲜半岛的稳定，将对东北亚地区的发展和繁荣产生积极影响。

第五章

韩国东北亚政策展望

朴槿惠作为韩国历史上首位女总统，2013 年上任以来面对的是东北亚地区错综复杂的外交局面。东北亚地区是韩国外交的重心，朴槿惠总统上任后，对李明博政府时期的东北亚外交进行了相应调整，在韩美战略同盟关系、韩国对日外交以及韩国与中、俄关系等方面表现出新的动向。然而，鉴于近年来东北亚安全形势复杂多变，朴槿惠政府的东北亚外交仍然面临着如何平衡中美在东北亚地区的竞争态势、如何构筑面向未来的韩日关系、如何实现东北亚和平合作构想等诸多挑战。与此同时，东北亚各国的对外政策以及国际关系正在进入调整期，朴槿惠时代的外交政策必将对东北亚地区局势产生影响，在这种情况下，中国应如何应对就显得尤为重要。中国是东北亚地区稳定和发展的关键国家，是推进地区合作的主要力量，中韩关系的健康发展对两国都具有重要的战略意义。在东北亚地区，中韩关系将成为维护本地区稳定的关键因素，中韩强化战略合作伙伴关系，在日益变化的东北亚国际新格局中，对中韩双方以及本地区的发展都大有裨益。

第一节 朴槿惠政府东北亚政策的调整方向

一、巩固扩大韩美同盟关系

长期以来，韩美同盟关系一直是韩国对外政策的“基石”和“轴心”。韩美同盟经历了60年的发展历程，取得了一定的成果，同时也存在着一些问题。一方面，韩美同盟不断巩固和强化，以遏制朝鲜的核和导弹威胁；另一方面，韩美同盟本身也正处于调整中，其内部存在着关于战时作战指挥权、新联合防卫体制以及防卫费用分担等具体问题的争论。即便如此，韩美同盟巩固和强化的态势仍旧明显。尤其是韩国前总统李明博执政以来，韩美同盟关系发生了实质性变化，由军事同盟升级为全面战略同盟。朴槿惠政府执政后，韩美这种全面战略同盟关系再次得到确认，韩美同盟关系获得新定位，也进入了历史上最亲密的时期。李明博政府时期韩美两国首脑签署的《韩美同盟未来共同展望》，堪称韩美未来发展的蓝图，标志着两国将在朝鲜半岛、亚太地区和全球三个层面构筑全面战略同盟。朴槿惠总统执政后韩美共同发表的《韩美结盟60周年宣言》，在延续了韩美构筑包括政治、经济、文化、人员交流等多个领域的全面战略同盟的基础上，进一步明确了两国在应对朝鲜半岛问题、强化经济合作、加深国民交流、扩大同盟作用4个层面发展面向未来的韩美同盟关系。

第一，在朝鲜半岛问题上，韩美两国决定不仅要在《韩美同盟未来共同展望》的基础上实现朝鲜半岛永久的和平与稳定，而且要在坚守无核化、民主主义和自由市场经济原则基础上实现朝鲜半岛的和平统一。双方将以韩美同盟为基础，通过朴槿惠总统提出的“半岛信任进程”

等途径，敦促朝鲜履行国际义务，进一步加强朝鲜半岛的和平与稳定。

第二，经济合作方面，《韩美结盟60周年宣言》积极评价了韩美自由贸易协定生效所取得的成果，称其是韩美关系史上的又一个里程碑，双方将加强在能源等各个领域的合作，强调应遵守自由贸易协定，使其在两国经济成长中发挥引擎作用。

第三，在加深国民关系方面，《韩美同盟未来共同展望》强调了韩美“紧密的国民关系”的重要性。在《韩美结盟60周年宣言》中，双方认识到韩美同盟的稳固来源于两国公民间的密切交流，在美国生活的韩国侨胞们是韩美关系的重要纽带，宣言评价韩国侨胞为美国社会的发展做出了突出贡献，双方强调应加强商界、学界、市民团体和其他机构等多方面的项目合作。

第四，在扩大同盟作用方面，《韩美同盟未来共同展望》中有将韩美同盟关系的作用扩大到东北亚及亚太地区的表述。《韩美结盟60周年宣言》则包括“韩美同盟发展成为全球性合作伙伴关系、美国欢迎韩国积极参与国际事务、在世界舞台发挥领导作用”的内容，双方同意在气候变化、清洁能源、能源安全、人道主义支援、恐怖主义、和平利用核能、防止核扩散、网络安全等诸多问题上加强合作。①

可见，《韩美同盟未来共同展望》和《韩美结盟60周年宣言》两个文件的签署，明确了韩美全面战略同盟关系的新型定位，同时也为韩美同盟关系的未来与发展指明了方向。韩美两国如何在应对朝鲜半岛问题、强化经济合作、加深国民感情、扩大同盟作用等方面协调立场，如何解决韩美同盟关系中存在的问题并发展面向未来的韩美全面战略同盟关系，将是两国政府面临的共同课题。

---

① 《韩美发表结盟60周年宣言，美重申对韩防卫承诺》，http：//news. xinhuanet. com/mil/2013 -05/08/c_ 124678490. htm。

韩美同盟发展至今，朝鲜半岛局势、美国亚洲战略一直是影响其发展的主要变数。① 从当前情况来看，无论是朝鲜半岛局势还是美国的“亚太再平衡”战略，都有利于韩美进一步巩固和强化全面战略同盟关系。在对朝政策方面，朴槿惠政府奉行推进“朝鲜半岛信任进程”，该政策的核心是，韩朝之间只有积累信任才能通过国际深化的合作改善韩朝关系。不是单方面地对朝采取宽大政策或强硬政策，而是根据朝鲜领导班子的行动采取相应行动的对策。② 朴槿惠政府与美国积极协调立场，支持美国对朝鲜贸易银行采取单独制裁的方针，对于目前美国对朝施加压力迫使朝鲜参与对话的政策，韩国政府认为和朴槿惠总统提出的“朝鲜半岛信任进程”一脉相传。

韩美同盟的强化趋势也更加迎合了美国的亚太再平衡战略。应对朝鲜的威胁和防止所谓的“共产主义”在亚洲的扩张，一直是冷战时期韩美同盟关系建立和维持存在的基础。虽然冷战体制已经解体，但是时至今日，中美两国无论是在政治体制还是价值观念等方面都存在着本质上的不同，而中国作为正在崛起的政治经济大国则被美国视为竞争对手。此外，为实施美国的亚太再平衡战略，美国已要求韩国重新考虑整合导弹防御系统。习近平主席在中韩首脑会谈中直接谈到了导弹防御系统问题，并呼吁韩方“慎重处理”与美国的合作。由此可见，美国在亚太再平衡战略中高度依赖同盟，同盟成为其推行该战略、维护美国利益的重要通道。已经运行60年的韩美同盟成为美国落实亚太再平衡战略的重要同盟之一。③ 在美国重返亚太的背景下，韩美同盟依然发挥着应对朝鲜威胁和支撑美国亚太战略的双重作用，而美国亚太再平衡战略

---

① 胡明远：《韩美同盟：风雨漂泊60年》，《世界知识》2013年第12期。

② 魏志江：《试论韩国朴槿惠政府的外交政策趋向与朝鲜半岛局势》，《当代韩国》2013年第1期。

③ 张景全：《美国亚洲再平衡战略及美韩同盟在其中的作用》，《教学与研究》2013年第9期。

的实施也是韩美强化全面战略同盟关系的又一关键因素。

总而言之，韩美两国有着相同的政治体制、价值观念和战略利益，在共同利益的作用下，韩美两国将会通过不断的调整来继续推动韩美战略同盟关系的全方位发展。对于韩国而言，韩美同盟仍是韩国对外政策的支柱和实现国家利益的重要工具，韩国仍将以韩美同盟为基础发展外交关系；对于美国而言，美国需要借助韩美同盟实现其“亚太再平衡”战略，更需要韩美同盟继续保持其在朝鲜半岛和东北亚地区发挥主导作用，进而建立能够最大限度体现自身利益的东北亚秩序。韩美全面战略同盟关系的新定位，有利于韩美双方利益的实现，在韩美全面战略同盟的框架下，未来韩美关系也将不断得到巩固和深化。

二、坚持对日“双轨”外交

李明博政府执政期间，曾着力改善韩日关系。虽然在历史问题上李明博大谈“面向未来”，但却招致日本在独岛（日本称“竹鸟”）问题上得寸进尺，加剧了韩国反日情绪的高涨。李明博基于“实用主义”外交，一再“淡化”历史问题，强调两国是“亲密的睦邻”，但历史问题和领土问题依然是横亘在韩日之间的最大障碍。李明博政府的对日政策仍然没能跳出韩国历届政府对日“先友好后强硬”的模式，在李明博政府执政后期，双方在历史问题和领土争端等问题上针锋相对，韩日独岛主权争议问题持续发酵。11 月 8 日在首尔媒体中心，朴槿惠就独岛主权纷争表示，独岛从历史、地理和国际法来说都是韩国的领土，并不是可以通过谈判来解决的问题。日本方面，安倍晋三继续贯彻其右翼政策。2012 年 11 月 21 日，自民党公布的竞选纲领完全体现了他的这种政策倾向，主要内容包括修改放弃战争和废除军备的和平宪法、允许行使集体自卫权、扩大国防经费等。自民党还决定将“竹岛日”活动改为政府层面的活动。[①] 在朴槿惠就任韩国总统的前三天，即2013年2月22日，日本岛根县在首府松江市举行“竹岛日”活动，对这个韩日双方存在争议的岛屿宣誓主权。从2005年开始，岛根县每年都举行类似的“竹岛日”活动，但这次尤为高调，日本政府首次派遣副部长级官员前往出席。对此，韩国政府表示严重抗议，并公开召见了驻韩日本使馆的有关人士。韩国各地也纷纷举行集会和记者会，严厉谴责日本政府的行为，敦促日本取消“竹岛日”，中断纪念活动。除此之外，“慰安妇”等历史问题也导致韩日关系不断恶化，民间对立情绪日趋严重。据民意调查显示，有72%的韩国民众认为日本不是韩国的盟国，89%的韩国民众对安倍没有好感。之所以会出现这一现象，韩国人表示是“因为日本没有反省侵略历史”（76.8%）和存在“独岛问题”（71.6%），而大多数日本人则指出是“因为韩国在历史问题上谴责日本”（73.9%）。而且，韩国人认为日本是韩国第二大军事威胁，仅次于朝鲜。[②] 随着韩国民主化进程的推进，舆论向背对韩国对日外交政策的影响力也越来越大。

在反日情绪高涨的背景下，朴槿惠政府的对日外交始终难以开启。2013年3月1日，朴槿惠在纪念“三·一运动”讲话时明确表示，只有日本政府以负责任的态度“正视历史”，才能开启韩日两国共同繁荣的未来，强调日本“深刻反省”是两国建立互信的前提条件。[③] 这是朴槿惠就任韩国总统后首次发表的对日言论。朴槿惠上台执政后，先后访问了美国、中国、俄罗斯等国，并与法国、英国等国领导人举行了会晤，却一直未与日本首相安倍晋三举行正式会晤。不仅如此，在2014

---

① 牛林杰、刘宝全主编：《韩国发展报告（2013）》，社会科学文献出版社，2013年，第112页。

② 《韩国民众将日本视为韩国第二大军事威胁》，http//chinese. yonhapnews. co. kr/allheadlines/2014/07/10/0200000000ACK20140710003200881. HTML? input = sns。

③ 《朴槿惠抗日纪念日讲话：历史事实再过千年也不会变》，http：//news. xinhuanet. com/word/2013 - 03/02/c124406546. htm。

年 10 月初举行的东盟峰会上，朴槿惠多次回避与安倍的直接接触，刻意保持与他的零交流，体现出其对日立场的强硬以及韩日关系冷若冰霜。

对于韩日关系，朴槿惠始终强调其一贯主张。她表示，要修复两国关系，日本有必要改变对历史认识及领土问题的态度，而安倍政府错误的历史认识阻碍了韩日关系的发展。与此同时，朴槿惠也多次表示希望与日本改善关系的立场，她认为韩国外交不应被历史遗留问题“埋没”，历史遗留问题“必须理清楚”，但韩美同盟、韩日关系等外交议题另当别论。关于对日政策，朴槿惠表示：“如果日本首相能够就历史表达更面向未来的观点，韩国和日本可以实现真诚和解与前瞻性合作。韩国把日本视为东北亚地区和平与繁荣的重要伙伴，一直在努力推动双边关系发展。”① 朴槿惠政府坚持对日本的“双轨”外交，在坚决应对“慰安妇”道歉和赔偿等历史遗留问题的同时，在经济、安全等领域加强韩日关系，即把“慰安妇”等历史遗留问题与韩日经济、安全合作分开对待，恢复韩日政府和民间的对话交流，如此两国关系才有所好转。

2015 年是韩日两国邦交正常化 50 周年，日本政府将其视为韩日关系的“关键之年”。日本政府与韩国方面开展各个级别的对话，韩日首脑峰会在中断三年半之后，终于在 2015 年末实现了双方领导人换届之后的第一次正式会谈，之后两国政府就影响韩日关系的关键问题——“慰安妇”问题达成协议。韩国民间和舆论对协议并不满意，批评声音很大，并且在履行协议的问题上，双方的意见也不统一，两国关系的切实改善仍需时日，韩日关系的前景也充满变数。但是，在韩日关系的现实条件下，朴槿惠政府能够采取区别对待不同议题的对日外交方针，不

① 《朴槿惠对日“双轨”外交》，http：//world. people. com. cn/n/2015/0506/c157278 - 26953 965. html。

能不说是一种务实的选择。

从以上分析中可以看出，历史问题与战略利益上的冲撞，构成了韩日关系的常量，它不可能因政府在一些策略上的改变而发生大的变化。在两国关系长远的结构性因素影响下，韩日关系难以有实质性改进。冷战后，韩国历届政府都试图以“新思维”来推进韩日关系，特别是金大中政府以来，韩国在历史问题上不断向日本做出让步。然而，日本出版歪曲历史的教科书、政府政要多次参拜靖国神社等美化侵略历史的行径，以及在“独岛”问题上频频向韩国发动挑衅，一再挑起韩日的“历史摩擦”。可见，“历史问题”和领土争端依然是影响韩日关系顺利发展的最大障碍。

三、重视夯实中韩关系

中国是韩国在东北亚地区最重要的合作伙伴。中韩建交后，两国顺应全球化的浪潮，双边关系在各领域实现了跨越式发展，中国已经成为韩国最大的贸易伙伴、最大的出口市场、最大的进口来源国和最大的海外投资对象国，韩国则是中国第三大贸易伙伴国。2008 年双方宣布建立“战略合作伙伴关系”后，其内涵不断得到丰富。但是，由于“天安”号事件和延坪岛事件的影响，中韩关系一度受到干扰和冲击。朴槿惠继任韩国总统后，打破了韩国历届总统在过去“四国外交”中的美、日、中、俄的访问顺序，她在访问美国一个月后，便于 2013 年 6 月 27—30 日对中国进行了国事访问，凸显了韩国新一届政府更加注重对华外交。朴槿惠总统访华期间与中国国家主席习近平举行了就任以来的首次中韩首脑会谈，通过首脑会谈增强了两国领导人之间的政治互信，朴槿惠获得了中方对“朝鲜半岛信任进程”的肯定。双方共同确认，实现朝鲜半岛无核化、保持朝鲜半岛和平与稳定符合各方的共同利益。双方通过发表《中韩面向未来联合声明》和《充实中韩战略合作伙伴关系行动计划》，全面提升和充实了两国战略合作伙伴关系的水平和内涵，中韩建立了中国主管外交的国务委员和韩国青瓦台国家安保室长间的对话机制。这不仅改变了中韩关系长期重视经济、忽视外交安全合作的格局，而且还将两国目前现有的副部长级外交和国防部门的对话机制一举提升为副总理级别的外交、安全战略对话机制。两国首脑还决定以“信件交换”、“派遣特使”、“电话通话”等方式进行实时沟通，并首次开设两国外交部长间的热线电话，以及决定启动两国国策研究所和智库间的联合战略对话。朴槿惠访华是促进两国关系实现新飞跃的历史性事件，为两国关系的发展树立了新的里程碑。虽然中韩之间也存在一些诸如民族主义情绪、历史争议和经济竞争等问题，但这些问题均有望在磋商的基础上得到解决。

在外交方面，中韩两国在地区和全球事务上有着很多相同或相似的立场和观点，将在国际舞台上继续加强合作，两国将继续共同支持朝鲜半岛的和平稳定与无核化。中韩两国均与日本在历史问题和领土问题上存在矛盾，都对日本日益右倾保持警惕。在反对日本歪曲战争历史、防范右翼势力行动等方面，中韩有较多的共同语言，并可能成为牵制日本右倾化的主要力量。此外，在建立朝鲜半岛和平体制和东北亚安全机制这一战略层面上，韩国也将继续开展同中国的合作。

在安保方面，中韩建立战略合作伙伴关系，意味着两国将共同讨论世界安全问题，并在军事合作以及国际舞台上展开合作。此前中韩军方各层次的交流已经得到开展，两国就国防部门高层互访和加强国防领域各部门的交流与合作达成了协议。中韩还开通了海上军事热线，这有助于加强两国军队之间的合作和预防两国在东海上的冲突。2013 年，中韩两国设立了军方高层定期通话的合作体系，建立了解决朝鲜核问题两国军事当局协商应对体系，强化了国外派兵部队和联合国维持和平行动（PKO）等国际合作。今后中韩军方有可能进一步拓展交流领域，两国可能在共同进行救援演习、反恐演习以及军事院校互访等方面加强合作和交流。

在经贸领域，双方贸易规模有望进一步扩大。经贸合作是中韩关系的重要组成部分，随着中韩政治关系的顺利发展，中韩经贸关系也随之出现飞速发展。1992 年中韩建交时贸易额只有 50 亿美元，2013 年两国的贸易额达到了 2743 亿美元，中韩双边贸易额增长 50 余倍，保持年均增长 20% 的速度，比韩美、韩日贸易之和还要多。中韩紧密的经济合作给两国的经济发展带来了巨大影响，对韩国来讲，中国庞大的投资市场和贸易市场扩大了韩国的对外出口，韩国企业对中国投资一直处于较高水平。2014 年韩国企业对华实际投资额（中国商务部统计，金融领域除外）同比增长 29.7%，达到 39.7 亿美元，创下近 8 年来的最高值。① 2015 年中韩双边贸易总额为 2759 亿美元，有望不久便会超过中日双边贸易总额。而韩国企业进军中国市场也带来了中国经济发展所需要的资金、技术，并且获得了丰富的企业管理经验。中韩两国经贸合作形成了优势互补、互利共赢的产业合作链条。

随着中韩经贸合作关系的发展，两国经济已形成“你中有我，我中有你”的紧密联系，中国在韩国贸易中所占的比重和影响力是绝对性的，如此紧密的经贸往来为两国经济进一步深化合作打下了坚实的物质基础。一直以来，两国领导人对于推进自由贸易协定（FTA）都表现出积极的姿态。2014 年 11 月 10 日，中国国家主席习近平和韩国总统朴槿惠在北京人民大会堂举行首脑会谈，双方共同确认中韩 FTA 实质性谈判已结束。这是两国自 2012 年 5 月启动 FTA 谈判后，时隔 30 个月就此达成一致。按照中韩达成的协议，韩国将立即开放 58.9% 的工业品，在 10 年内开放 90% 的工业品；中国将立即开放的工业品大概占 20.3%，在 10 年内开放 71.7% 的工业品。同时，韩国将立即开放的农

---

① 《韩企对华投资创 8 年来新高，归功于韩中 FTA》，http：//chinese.yonhapnews.co.kr/domestic/2015/01/25/0403000000ACK20150125000400881.HTML。

产品为 9.96%，在 10 年内达 31.3%；中国立即开放的农产品为 19.3%，10 年内达 69.8%。[①] 中韩自由贸易区的建立将成为进一步提升两国关系的重要杠杆，这不仅有利于两国经济合作的进一步蓬勃开展，而且对东北亚地区的经济合作也有积极的促进作用。

第一，对中韩两国经济贸易将产生拉动作用。从经济角度来讲，FTA 最基本的目标就是取消贸易壁垒，通过关税减让和扩大市场准入条件实现贸易自由化，从而增强区域内成员的经济合作和经济增长。双边贸易方面，中国已经是韩国的第一大出口市场、最大的贸易伙伴，而韩国是中国的第三大贸易伙伴。两国间的贸易本就非常活跃，所以减免关税带来的效果会比想象的更大。根据中韩两国达成一致的 FTA 谈判内容，双方货物贸易自由化比例均超过“税目 90%，贸易额 85%”，两国在服务、投资、金融、通信等 22 个领域达成了协议，中国首次将金融、通信、电子商务列入 FTA。中韩 FTA 建立以后，由于投资环境的改善，韩国将进一步增加对华投资，进一步抢占中国的市场份额，同时也会促进中国对韩国的投资，有利于中国农副产品出口到韩国市场，进一步扩大双方的贸易规模。

鉴于双方贸易规模的进一步扩大，中韩自由贸易区将对两国的经济增长产生拉动作用，可以给中国和韩国的 GDP 增长带来促进作用。2014 年 5 月韩国经济学系教授金成贤发布的《对中韩 FTA 效果研究》显示，FTA 生效后的关税被完全废除时，两国的交易量将会比生效时增加 56%。预计韩国的制造业岗位将增加 5.6%，服务业中医疗产业的岗位也将增加 13.5%。“从长期来看，中韩 FTA 对韩国的交易和雇佣产生的影响要比韩美 FTA 更大。”[②] 此前有预测指出，预计中国的 GDP 将因此增长 1%—2%，韩国 GDP 增长 2%—3%。虽然研究自贸协定有很多

---

① 刘江永：《安倍政治学与中日韩关系》，《东北亚论坛》2015 年第 3 期。

② 《中韩 FTA 谈判达成一致，协定生效后韩 GDP 或有较大增幅》，http://world.huanqiu.com/exclusive/2014-11/5196865.html。

方法，得出的数据也不尽相同，但都说明了增长的趋势。取消或降低关税后，两国 GDP 都会增长，其中韩国 GDP 的增长会更快一些。而且，中国企业和产品可以通过韩美 FTA 和韩欧 FTA 进入对方市场，美欧也可借助中韩 FTA 进入中国市场，韩国还可在三大经济体之间发挥枢纽和桥梁的作用。

第二，进一步提升中国在东北亚地区的影响力。中国对于加快推动中韩自贸区的谈判进程持积极态度，中韩自贸区对中国的意义非同寻常。中韩自贸区谈判是中国迄今为止覆盖领域最广、涉及贸易规模最大的自贸区，之前和中国签订自由贸易协定的国家多集中于发展中国家，为数不多的发达国家与中国的贸易量也比较小，而韩国是仅次于美国和日本的中国第三大贸易伙伴。中韩自贸区协定的签署标志着中国在贸易领域开放程度的实质性提升，它不仅有利于促进中国经济的进一步开放和转型升级，而且对于增强中国经济在本地区的吸引力，提升中国在东北亚地区的影响力也具有重要的意义。

近年来，美国在亚太地区推行“亚太再平衡”战略，而美国力推的“跨太平洋合作伙伴关系协定”（TPP）被认为是其实施“亚太再平衡”战略的经济抓手。事实上，美国就是要以 TPP 来引领亚太地区的经济合作，并将中国排挤在外，而这和中国主导创建的亚太自由贸易区（Free Trade Area of the Asia-Pacific）的谈判形成潜在的竞争关系，TPP 一旦谈成，将会对中国的贸易和安全构成威胁。中韩 FTA 的建立，将使东北亚地区的经济格局发生变化，使中韩两国逐渐发展成为东北亚地区的经济核心区。对于中国来讲，这不仅能够在一定程度上缓解来自 TPP 的压力，避免中国在美国力图主导的亚太地区经济格局中处于不利地位，而且将提升中国在东北亚地区的影响力。

第三，有利于推动东北亚区域经济一体化进程。东北亚区域经济合作起步较晚，欧洲自二战之后便开始了一体化进程，北美自由贸易区也在 20 世纪 90 年代就建立起来，而东北亚各国虽然努力通过多种途径建立了多种形式的区域经济合作机制，但是经济合作发展进程相对缓慢，仍然处于初级发展阶段。一直以来，中韩两国都致力于东北亚地区的经济合作。中国将实现经济现代化和达到中等发达国家水平作为国家经济和社会发展的战略目标，坚持实行对外开放，积极参与和推动地区经济合作，将睦邻友好、互助合作作为国家发展的根本战略。中国的发展战略和韩国政府提出的发展、繁荣政策以及东北亚经济中心国家的战略是一脉相通的，中韩 FTA 的建立正是韩国实施其东北亚经济中心国家战略的重要一环和组成部分。中韩两国生产要素和产业结构互补性较强，建立自贸区将极大促进两国贸易投资自由化、便利化。以中韩 FTA 战略为突破口，使其成为在东北亚地区互补性的国际分工结构中实现的第一个 FTA，将为未来东北亚区域经济一体化的实现提供经验和平台，为东北亚区域经济融合做出重要贡献。[①]

不仅如此，中韩 FTA 完成谈判，也将为中日韩 FTA 谈判打下基础。中国是日韩两国最大的贸易伙伴，日本和韩国从国别上来说，分别是中国的第二大、第三大贸易伙伴。中、日、韩三国的经济总量和贸易总量约占世界的两成左右，占亚洲的七成左右。但是，相对于中韩自贸区谈判进程，中日韩三国自贸区谈判进程相对缓慢，目前已经进行了第五轮谈判，但进展仍然有限。虽然经贸往来更多的是利益的考量，但是如果没有政治互信作为制度性的保障，自贸区的谈判也很难顺利进行。中、日、韩三方之间缺乏的恰恰是政治互信，由于受到历史问题和中日、韩日之间领土争端的困扰，中日韩 FTA 谈判未取得实质性进展。鉴于日韩在中国市场存在较为明显的竞争关系，中韩自贸区结束实质性谈判会使日本更加重视中国和韩国，将会对中日韩自贸区的建立起到推动作用。在 2014 年 9 月初举行的中日韩自贸区第五轮谈判中，三方都表示要加快谈判进度。这三个重要的东北亚国家如达成自贸协定，对东北亚

---

① 许佳：《中韩 FTA 与东北亚经济合作》，《延边大学学报》2013 年第 2 期。

区域经济一体化将起到非常重要的推动作用。

四、顺利发展韩俄关系

朴槿惠总统上任后，提出了旨在发展与包括俄罗斯在内的欧亚大陆国家关系的“欧亚倡议”构想。“欧亚倡议”构想是2013年10月朴槿惠提出的以经济外交为主导的构想，其中也包括政治外交方面的内容。“欧亚倡议”构想指的是通过欧亚国家、地区之间的合作，扩大韩国的对外贸易，带动朝鲜开放，消除朝鲜半岛的紧张局势。自朴槿惠总统提出“欧亚倡议”构想以来，韩俄双方在政治安全、经济、能源、文化交流等方面开展了全方位的合作。“克里米亚”事件发生后，韩国政府虽然发表声明称韩国不承认克里米亚公投结果和其加入俄罗斯联邦，但是韩国政府并没有加入美欧主导的对俄制裁，朴槿惠政府继续保持了对俄合作的外交态势。

在政治安全领域，根据韩俄两国领导人在峰会后发表的联合声明，双方决定加强韩俄在政治与安全领域的最高层和高层对话，如推动韩国总统府国家安全室与俄罗斯联邦安全会议之间的例行对话等磋商机制。韩俄还决定在朝鲜问题上加强合作，如两国声明敦促朝鲜加入《禁止化学武器公约》，明确表示不能容忍朝鲜坚持的“核与导弹开发路线”，不承认朝鲜拥核国家的地位，韩俄两国将与六方会谈当事国一道为营造有利于重启对话的气氛做出共同努力。

在经济合作领域，俄罗斯总统普京访韩着力推动“钢铁丝绸之路”工程，韩俄签署了关于韩国企业参与俄罗斯和朝鲜的罗津—哈桑铁路建设项目。“钢铁丝绸之路”的设想是2001年8月俄朝领导人峰会中谈论的重要议题，其主要内容是将朝鲜境内的铁路干线与韩国境内的铁路干线相连接，然后再同横跨西伯利亚的欧亚铁路相连接，双方签订了相关协议。2008年，俄朝间的铁路改造工程动工，俄罗斯还斥资35亿卢布，在罗津港建造了现代化货运终端。2013 年 9 月，俄罗斯完成了一条长达 54 公里的铁路改造工程，连接俄罗斯边境城市哈桑和朝鲜罗津港。俄罗斯将利用铁路和终端出口煤等产品，年运输 10 万个集装箱，港口年吞吐量将达 400 万吨。“钢铁丝绸之路”对俄、朝、韩三方都有长远战略利益。首先，俄罗斯希望通过融入欣欣向荣的亚太经济圈，消除本国“油气经济”单一结构的弊端，带动长期发展滞后的远东地区，进而惠及整个俄罗斯经济，中、日、韩及南亚各国正是帮助俄罗斯实现这一计划的重要环节。朝鲜方面希望带动铁路沿线的经济发展，并且还可以增加战略筹码；同时俄韩货物要是过境朝鲜，朝鲜将成为至关重要的枢纽。韩方希望这一铁路项目让更多的韩国商品得以快捷进入俄朝市场，同时还可以快捷、大量地从俄罗斯进口能源、原材料等。[①] 韩、俄、朝三方此番合作意义重大，特别是在朝鲜半岛局势紧张、南北矛盾仍存的环境下，经济合作往往能起到“缓冲剂”的作用。普京表示：“三方合作不应被政治绑架，恰恰相反，应该成为联合与调和的重要因素。”韩国政府还决定新设“韩俄朝三方合作工作小组”，研究相关的所有事宜，全面推进朴槿惠提出的“欧亚倡议”。普京力推的“钢铁丝绸之路”和朴槿惠政府倡导的“欧亚倡议”相呼应，强化了韩俄经济合作。

在能源合作方面，俄罗斯作为世界性的能源资源大国，一直是韩国能源合作的重要目标。普京访韩期间出席了“第六届韩俄商务对话”，“韩俄商务对话”自 2008 年成立以来由韩国和俄罗斯轮流举办，为促进两国经济合作发展做出了突出贡献。两国企业家就能源合作、地区开发投资合作进行了讨论，并签署了关于能源资源合作的 6 项谅解备忘录。

在文化交流方面，韩俄双方自 2014 年起互为对方公民提供 60 天以

---

① 《普京访韩力促钢铁丝绸之路，想融入亚太经济圈》，http：//world. huanqiu. com/exclusive/ 2013 －11/4561862. html。

内的短期旅行免签服务，使双方的交往、旅游更加便利。此外，韩俄还签署了《扩大交流与合作协定》和《设立文化院协定》，推动了两国的文化交流。

可以预见，韩国和俄罗斯间的外交关系将更加活跃，将重点突出与俄罗斯的经济合作。朴槿惠政府需要俄罗斯对韩国的“欧亚倡议”和“东北亚和平合作构想”等政策提供支持，开辟韩国新的能源供应渠道和进入中亚与欧洲地区的陆路通道，为韩国经济发展注入新的活力。而正在大举开发东西伯利亚和远东地区的俄罗斯迫切需要韩国企业的投资，韩俄有望在开发远东经济上开展战略合作，经济合作也将成为进一步提升韩俄关系的催化剂。此外，两国还可以继续在航天事业、渔业、IT 等方面加强合作，韩国亦可通过俄罗斯加强同朝鲜的对话和经济合作，推动讨论韩国、俄罗斯和朝鲜三方在西伯利亚地区的经济合作问题，寻求对朝施加影响的新途径。

第二节 朴槿惠政府东北亚政策面临的挑战

一、如何平衡中美在东北亚地区的竞争态势

奥巴马总统上台伊始，中美关系实现了平稳过渡。2009 年奥巴马出任美国总统后，将中国作为第一个出访国家，国务卿希拉里・克林顿也用“同舟共济”来表达中美共同应对金融危机、加强合作的意愿，中国国家总理温家宝则用“携手共进”作为回应。当时甚至还有一种声音，呼吁中美搞“两国集团”。

但是，2010 年美国政府提出亚太再平衡战略后，中美关系开始出现变化。美国的“亚太再平衡”战略是一个集政治、军事与经济于一

体的多层次的综合战略。政治外交方面，美国刻意强调美国的亚太属性，明确指出美国是一个“太平洋国家”，一改布什政府时期对亚太地区的忽视。一方面，奥巴马上任以来，美国政要以及国防部、财务部、商务部等关键部门的高官频频访问亚太地区，其密度之大，在美国与亚太地区的关系史上实属罕见；另一方面，美国全面介入亚太地区的既有争端，为其“重返亚太”寻找现实切入点。美国先后利用“天安舰事件”、“延坪岛事件”、中韩黄海划界争议、中日东海划界和钓鱼岛争端、南中国海争端等既有热点问题，提升与盟国的同盟关系，增进与非盟国的政治谅解，高调显示美国对这一地区国际事务的关注，通过强化对该地区政治与外交关系的介入，争取获得对地区内国际争端和热点问题的发言权、主导权甚至裁判权。经济方面，美国通过打造“跨太平洋战略合作伙伴关系协定”（TPP），引领未来亚太地区经济合作进程的主导权。随着亚太地区更多成员宣布加入 TPP 谈判，该机制成为美国“亚太再平衡”战略工具的态势越来越明显，而美国以 TPP 削弱中国在亚太地区既得主导权的意图也日渐清晰。美国就是想通过 TPP 这个平台来影响东亚地区经济一体化进程，阻止东亚国家向中国靠拢，改变亚太区域经贸合作的发展方向，谋取亚太地区经济合作机制的领导权，确保美国在该地区的领导地位和核心作用。军事方面，美国加快对西太平洋地区的军事实力调整。在 2012 年 6 月第一届香格里拉对话会上，美国国防部长帕内塔表示，美国将在 2020 年前向亚太地区转移一批海军战舰，在亚太地区的海军部署将由目前占其全球海军力量的 50% 上升到 60% 。而且，近几年美国频繁地在亚太地区与其盟国进行军事演习，其规模和频率在历史上都是罕见的。美国战略重心东移的根本目的就是最大限度地巩固其世界秩序领导者地位，在这一目的驱使下，美国在亚太地区要推进的核心任务是应对中国的崛起。中国实力的迅速提升给美国带来了极大的不安，一向执着于力量转移逻辑的美国认为，中国在亚太地区影响力的扩大意味着美国在该地区影响力的缩减。也有很多学者断定，“中国必然会与美国竞争亚太地区政治、经济秩序的主导权”，“以中国为核心的地区秩序正在形成，这是毋庸置疑的”。① 在这种认识下，千方百计地遏制中国的崛起成为美国实施亚太战略的首要任务。

美国的“亚太再平衡”战略是中国所面临的一次最大的外交环境的调整，美国不愿意看到中国的崛起，美国全球战略东移的“政策意图”显露出过多的“反华”、“制华”取向，其所具有的防范、遏制中国的意图明显。希拉里明确表示美国要增加在东亚的影响力，未来的10年中，美国的战略重点将是东亚地区，美国要维持其在东亚的核心地位，东北亚地区将是中美展开战略竞争的核心舞台。

韩国与美国拥有同盟关系，同时韩国也是中国的战略合作伙伴。“天安”号警戒舰沉没事件后，东北亚地区局势曾一度剑拔弩张，中国对韩美军事势力介入中国近海十分敏感，并提出了严厉批评，加之美国等大国插手南海事务，南海问题骤然升温，中美关系因南海问题而越发紧张。中国就美国要在韩国部署“萨德”系统事宜呼吁韩国重视中方的关切，美国政府则敦促韩国引进该导弹防御系统，同时也反对韩国参与中国主导的亚洲基础设施投资银行。

2014年4月在韩国首尔举行了韩美首脑会谈，同年7月举行了中韩首脑会谈，由此可以看出韩国外交政策的现状。在将韩美同盟作为韩国国家安全基础的同时，朴槿惠政府不能忽视同中国的安全合作，《纽约时报》报道称习近平主席访韩的目的是为了削弱韩美同盟关系。② 而另一方面，对于美国主导的韩美日三国军事合作，中国也担心三方会将其打造成为真正的韩美日三国军事同盟。鉴于中韩关系的进展，韩国亦无法完全固守与美国的同盟关系。在中美竞争的现实环境中，韩国应保持什么样的立场，这是韩国政府不得不面临的一个问题。对于如何应对中

---

① 毕颖达：《美国战略重心东移形势下的中韩关系》，《韩国学论文集》2012年第21辑。

② Jane Perlez, Choe Sang-hun & BreeFeng, *Chinese President's Visit to South Korea is Seen as Way to Weaken U. S. Alliances*, The New York Times, July 2, 2014.

美两国在东北亚地区的这种竞争态势，韩国国内提出了“联美防中”、“联美联中”、“联美和中”、“联美通中”、“结美联中”、“非对称联美联中”等多样性的韩国对外战略，其战略意图的主流基本强调韩国应该保持韩美同盟和中韩战略合作伙伴关系的“并行发展”，主张韩美同盟关系的均衡发展不应该妨碍而是能够促进中韩关系的健康发展。韩国在处理中美关系时应该加以区分，即在一定的领域内韩美同盟关系应该是第一位的，而在其他领域里中韩合作应该是第一位的。这样一来，韩美关系和中韩关系无论什么时候都不会成为彼此的“零和”关系，并且中国和韩国还应在海难救助、情报保护协定等军事方面实现可能的初步性合作，并以此逐渐扩大到其他核心领域的合作。①

对于美国希望韩国参与弹道导弹防御系统（MD：missile defense）的问题，韩国还是以是否符合国家利益来决定是否参与。金大中政府以来，美国提出韩国应该参与美国主导的弹道导弹防御，以应对朝鲜的弹道导弹的威胁。但实际上美国所追求的MD是在今后美国坚定地确保世界霸权的全球安全保障体制的意图下推进的，所以在东北亚地区与美国具有竞争态势的中国必然会对美国主导的MD采取反对的态度，而邻国韩国如果积极参与其中，也将对本国的国家利益产生负面影响。中国强烈反对美国所构筑的弹道导弹防御系统，韩国是否参与美国主导的弹道防御系统成为影响中韩关系的一个重要因素。鉴于朝鲜半岛环境和中国反对等因素，韩国政府始终没有参与美国主导的MD系统，而是坚持推进以低层防御为主的韩国型导弹防御系统（KAMD：Korea Air and Missile Defense）的研制和构建。韩国政府强调KAMD是高度和射程都极有限的系统，中国没有必要担忧。至于美国欲在韩国部署末段高空区域防御系统（THAAD，萨德）问题，与其说是为了防范朝鲜的导弹袭击，不如说是在中韩、韩俄之间打进一个楔子，起到削弱中韩战略互信的作

① 조성렬：《한국의 G2강대국 외교 전략과 동아시아 정책》，《东西研究》，24권4호，2012.

用，使韩俄关系遇到麻烦。[①] 中美两国在东北亚地区的竞争态势很难改变，应如何平衡韩美关系与中韩关系，将是韩国政府无法回避的外交课题。

二、如何构建面向未来的韩日关系

冷战后，韩国在东北亚地区的外交取得了不少成果，但是韩日关系仍然曲折复杂，韩日两国长久以来的紧张局势来源于韩国对日本不愿正视历史以及对“慰安妇”问题冷漠态度的不满。此外，独岛（日本称“竹岛”）的主权争议成为制约两国关系长期稳定发展的重大障碍，如何改善与日本的关系一直是韩国政府面临的最大难题。

朴槿惠政府坚持日本必须正视历史，为解决“慰安妇”问题做出真诚努力。韩方坚持认为，日本政府在历史问题特别是“慰安妇”问题上采取更为实际的措施是韩日举行首脑会谈的前提。但日本反其道而行之，否认侵略历史，对外图谋扩张，在右倾化的道路上越走越远，这致使历来磕磕绊绊的韩日关系陷入冰点。2015 年 4 月，日本政府审定通过歪曲和遗漏历史事实的初中教科书，该教科书大多数包含“韩国非法占据竹岛”的内容。此外，日本外务省还编写了主张“竹岛”主权和歪曲“慰安妇”受害者问题的《外交蓝皮书》，提出“基于历史事实和国际法，竹岛是日本固有领土毋庸置疑”。[②] 对此，韩方也分别召见日本驻韩大使和公使进行了抗议，韩日关系再次陷入僵局，双方关系一直难以改善。

安倍政府的对外政策也对韩日关系产生了重要影响。首先，美日同盟关系的强化。安倍认为，民主党外交政策的失败不仅使中日、韩日关

---

① 刘江永：《安倍政治学与中日韩关系》，《东北亚论坛》2015 年第 3 期。

② 《日连续“挑衅”韩国，韩日关系悲观论扩散》，http：//world. huanqiu. com/exclusive/ 2015 –04/6125202. html。

系摩擦不断，而且还动摇了美日同盟关系。因此，强化美日同盟关系，是安倍政府外交安全战略的首要课题。[①] 2013 年 2 月 22 日安倍访问美国，与奥巴马总统在白宫举行首脑会谈，在会谈后举行的记者招待会上安倍称，“双方就加强日美同盟的具体政策和方向进行了讨论，日美同盟的‘信任和纽带’已经完全恢复”。安倍此次访美的主要诉求就是提醒他的国民和日本的亚洲邻居，日本与美国之间的同盟是多么强大，安倍的愿望基本得到了满足。奥巴马回应称，“美日同盟是美国在亚太安全和政策的基石”。[②] 安全方面，对于朝鲜的核和导弹威胁，美日表示正在考虑寻求联合国安理会对朝鲜采取“重大行动”。经济方面，日本加入美国主导的“跨太平洋战略经济伙伴协定”（TPP）谈判，双方确认将包含所有商品，且不必事先承诺单方面取消所有关税，韩国应提防美日同盟的强化，使韩国陷入一种“零和游戏”的境地。

其次，日本坚定地推行“普通国家化”。2012 年 12 月的日本大选中，自民党在竞选纲领中提出扩充自卫队人员和装备，将自卫队升级为“国防军”，纲领还提出制定《国家安全基本法》，以确保行使集体自卫权，日本此举将使东北亚安全秩序产生重大变化。应对朝鲜的核和导弹开发以及遏制中国在东北亚的崛起是日本近年来积极追求“普通国家化”和“军队正常化”的最好跳板，通过制定对多国部队提供援助的《恐怖对策特别措施法案》和“有事法制”，日本突破了“对外用兵”的限制，实现了向海外派遣自卫队的目的。为了减轻自身的负担，自冷战结束以来，美国一直在鼓励日本成为一个“普通国家”，在国际社会中承担更大的责任。实际上，日本能够成功修改宪法、突破海外派兵的限制和美国的支持是分不开的。“9·11”事件发生之后，在反恐和防止大规模杀伤性武器的扩散成为美国国家安全政

① 진창수:《일본정치의전망과 한일관계.정세와 정책》,세종연구소,1월호,2013.14.

② 《奥巴马和安倍晋三在白宫举行会谈》，http：//news. xinhuanet. com/2013 -02/23/c_114772573. htm。

策优先考虑的情况下，美国更需要日本的支援，因而美国进一步鼓励日本在国家安全方面采取更积极的姿态，“做更大的贡献”。美国的这种做法与包括韩国、中国在内的东亚各国对日本发展军事力量的担心相抵触。日本以此为借口增加自身的军事力量和拓展自己的国际活动空间，安倍晋三出任首相后，日本政府积极扩充军力，连续3年增加了国防预算。2013年日本国防预算为4.75万亿日元，与2012年度相比增加了0.8%。2014年日本国防预算为4.88万亿日元，比2013年提高了2.8%。2015年初，日本政府正式敲定了4.98万亿日元的国防预算，这成为日本历史上最大规模的国防预算。日本不断增加自身的军事力量和推进其“普通国家化”，不仅直接威胁到韩国安全，而且会在外交方面恶化韩国与日本的合作。

在东北亚安全形势的演变中，日本正逐渐走向“普通国家化”，安倍政府决定正式就集体自卫权问题进行讨论。解禁集体自卫权就意味着当日本的盟国受到攻击时，日本可以将其视做对本国的攻击，并进行反击。这在日本现行宪法上是被禁止的。日本宪法第九条规定：“永远放弃发动战争这一国家主权，不承认国家的交战权，不保持陆海空军及其他战略力量。”日本政府过去也曾试图通过改变对宪法的解读来承认集体自卫权，但最终因舆论的反对而搁浅。安倍担任首相后，积极推动承认日本的集体自卫权。作为日本帝国主义侵略的受害国，韩国是绝对无法接受这一事实的。安倍首相不仅推动集体自卫权，还要创建军队，重新拥戴日本天皇为国家元首等。日本如此右翼色彩鲜明的军事大国化举动，势必带来东北亚地区国际关系的紧张和对立，必然给朝鲜半岛的和平与统一造成不利影响，也会成为韩日两国改善关系的重要障碍。此外，日本解禁集体自卫权和美日同盟强化的趋势也引发了区域内局势的不稳定。对于日本解禁集体自卫权问题，美国太平洋舰队司令官哈利·哈里斯大将曾指出，“集体自卫权是联合国保障的国家固有权力”，这样的表述再次确认了美国政府对于日本解禁集体自卫权的立场。哈里斯大将访问韩国时，在龙山美军基地召开的记者座谈会上也谈到“怎样运用集体自卫权是各个国家自主选择的问题”，同时他主张应该扩大韩美日海军合作。韩国政府认为，日本行使集体自卫权虽然不会即刻威胁到韩国的国家安全，但是对于其行使的范围，有必要事先与美韩两国充分商议。如果日本在遵守国际法范围内行使自卫权，韩国会尽可能地采取低调的方式应对。一旦日本行使集体自卫权与韩国的国家利益相冲突，韩国会将国家利益放在首位。韩国强调，日本行使集体自卫权不能妨害韩国的国家利益。

再次，“安倍经济学”也对韩日关系产生负面影响。“安倍经济学”是指日本首相安倍晋三在竞选时提出的通过2%—3%的通货膨胀目标、无限金融缓和、负利息政策等来使日本经济摆脱长期不景气状态的经济政策。其主要内容就是大胆的货币政策、灵活的财政政策和唤起民间投资的增长战略，即所谓“三支箭”。安倍内阁上台以来，日本政府为了稳定政权、摆脱通货紧缩，实施了量化宽松的货币政策，引导日元贬值，刺激经济增长。在金融政策方面，日本通过中央银行购买市场上的国债等资产，中央银行自2014年1月开始每月买入13万亿日元的金融资产，其中包括大约2万亿日元的国债和大约10万亿日元的短期债券，将通胀目标设定为2%。财政政策方面，通过公共事业进行政府财政支出。为了刺激日本经济复苏，安倍政府成立后，设置了以安倍首相为首的日本经济再生总部。在2013年1月，日本经济再生总部编制了《紧急经济对策》，根据该紧急经济对策框架，日本政府将拨出10.3万亿日元（约合1178亿美元）用于紧急经济刺激，结合地方政府和民间的配合投资支出，总规模超过20万亿日元，试图通过大规模公共支出激活经济，克服长期困扰日本经济的通缩问题。2013年度日本国家财政预算中，公共工程项目相关经费比率上调至15.6%。日本政府继续推动扩大公共投资的政策，安倍表示，在经济增长战略方面，重点将放在复兴制造业、支援企业开拓海外市场和培育新产业三个领域。[①] 安倍通过扩大向市场投入的货币来降低实际利率，提高资产价格，带动日元贬值，希望通过这些措施能够为日本带来消费、投资和出口的增加，从而刺激日本经济的良性循环，其目标是在2023年前将年均GDP增长率提升到3.0%。虽然这只是日本国内的经济政策，但是给韩国经济带来了不小的影响。

日元贬值将导致其他国家对日出口商品竞争力下降，并直接影响到对日商品出口，给以日本为主要出口市场的国家造成很大影响。安倍实施的宽松的货币政策已经引发了中国、韩国等国家的不满。特别是韩国受日元贬值的负面影响巨大，日元贬值将使对日出口国韩国的贸易收支恶化，美元弱势也将使韩国外汇储备贬值。这两方面的因素一结合，韩国内需市场的投资、消费、雇佣都会萎缩，日元走低使韩国的出口也将遭受直接打击。韩国社会强烈反对"安倍经济学"，2013年4月在美国华盛顿举行的二十国集团（G20）财长和央行行长会议确认了日本的日元走低政策，韩国副总理玄旿锡在会谈结束后表示，"虽然日本经济政策有利于世界经济的恢复，但是也会产生一些问题"，"比起朝鲜的威胁，日本的日元弱势是韩国经济更大的绊脚石"。[②] 另外，韩国和日本的出口产品重叠的领域很多，韩日企业在海外市场形成直接的竞争局面，因为日元走低，日本企业一律降低价格，这会直接导致同日企具有竞争关系的韩国的电子、电机、汽车和钢铁企业出口竞争力下降，进而造成韩国股市低迷。在"2013年经济学公共学术大会"上，韩国经济学术界人士提出，安倍政府实施的经济政策导致韩国企业的竞争力持续下降，韩国经济正经历着与1997年经济危机和2008年的国际金融危机

---

① 《日本敲定紧急经济对策框架，总规模望超过20万亿日元》，http://finance.people.com.cn/n/2013/0109/c1004-20135550.html。

② 《G20容忍安倍经济政策，靠出口生存的韩国感到负担》，http://chinese.joins.com/gb/article.do?method=detail&art_id=102861&category=001002。

类似的困境。[1] 由此可见，安倍内阁上任后，无论是在外交安保领域还是经济层面，都给韩国设置了重大课题，成为影响未来韩日关系的一个变数。

基于历史原因所造成的国民感情上的创伤，韩国对日本积极迈向政治大国、不断调整防卫政策、扩大军事影响等举动始终保持着高度警觉，韩国对日本力量再起的担心是根深蒂固的。韩日关系走向恶化之后，美国一直在以直接或间接的形式表示不解和担忧，不断向韩国施压要求恢复韩日关系。对美国来说，最为担心的是这样一种局面，即在朝韩关系缓和或者朝鲜半岛统一的情况下，如果美国将常规部队撤出韩国，那么缺乏具体目标的驻日美军就更难找到存在的理由，进而可能导致可怕的逆向“多米诺骨牌”效应出现，而这对美国的亚太战略乃至整个全球战略来讲无疑都是一个沉重的打击。此外，美国还有一种担心，那就是“统一的朝鲜可能会把日本视为安全上的主要威胁”，进而导致日韩之间的对抗与冲突。[2] 韩国与日本拥有共同的价值观，又同时与美国是同盟关系，为了在亚太地区牵制中国并扩大影响力，美国希望韩日两国改善关系。“韩国与日本维持良好关系，不仅对于两国本身，对整个地区和美国来说，也是符合最大利益的选择。”[3] 因此，韩日关系的改善直接关系到美国国家利益，美国一直在寻求通过韩美日三国合作来牵制中国的东北亚战略。在国际关系的影响下，未来韩日在经济、安全、文化等领域的合作有望摆脱目前的停滞状态，但韩日在历史、“慰安妇”以及岛屿问题上存在严重分歧。对于韩日岛屿领土争端和历史认识问题，彼此很难做出妥协和让步。在安倍首相在任期间，韩国很

① ［韩］《中央日报》2013 年 2 月 22 日。

② 汪伟民：《联盟理论与美国的联盟战略——以美日、美韩联盟研究为例》，世界知识出版社 2007 年版，第 255 页。

③ 《美国欢迎“韩日保持良好关系符合美国最大利益”》，http：//news. xinhuanet. com/world/ 2014 - 03/17/c_ 126278081. htm。

难改善与日本的关系，如何协调两国在领土和历史认识问题上的立场，建立面向未来的韩日关系，也将对朴槿惠政府的外交构成挑战。

三、如何实现东北亚和平合作构想

朴槿惠上任伊始就提出希望构建东北亚和平合作机制，破解“亚洲悖论”。所谓“亚洲悖论”，是指东北亚地区经济交流有所增加、相互依存度不断提高，但领土争端、历史问题、军费竞争等政治安保层面上的不安却日益扩大的现象。为此，朴槿惠总统提出“东北亚和平合作构想”。她强调，“东北亚和平合作构想”就是，区域内各国从微小但有意义的合作开始，建立相互信任的机制并逐渐扩大这种合作传统，消除不信任和对立；从核安全、气候变化、自然灾害、网络合作、防止洗黑钱等非热点问题开始，扩大对话和合作，逐渐扩大其范围。韩国政府提出，参与东北亚和平合作构想的国家包括美国、日本、中国、俄罗斯、蒙古等区域内的所有国家，欧洲和东南亚等域外国家也可以参与合作，这一构想具有“开放的地区合作”的性质。在实际操作中，朴槿惠政府意图推进“朝鲜半岛信任进程”和“东北亚和平合作构想”并行的方案，应对朝鲜等区域内的多种不确定性因素，其主要目标是确保朝鲜半岛和东北亚地区的和平与稳定，以此来达到朝鲜半岛和东北亚和平环境的良性循环。为实现东北亚和平合作构想，朴槿惠提出“首尔进程”，即以美、中、俄、日、韩、朝等东北亚国家为中心召开“东北亚和平合作高级会议”，从非传统安全领域着手，逐步扩大交流与合作，发挥多边会议作用，最终实现制度化合作。①

东北亚和平合作构想主张东北亚国家超越彼此间的矛盾，在恢复信任的基础上加强合作。但是，当前的东北亚局势使有关国家很难建立信

---

① 张慧智：《朴槿惠政府的东北亚外交政策新课题》，《东北亚论坛》2014 年第 1 期。

任关系，朝鲜接连进行核试验和导弹开发，日本歪曲的历史观、积极谋求实现“正常国家化”、创建军队、不断增强国防力量，特别是中日关系和韩日关系持续紧张，使东北亚国家间的矛盾不仅没有得到缓和，反而在不断升温。不仅如此，东北亚和平合作构想强调为了缓和东北亚国家间的矛盾和改善东北亚不稳定的战略安全环境，应该主要培养东北亚国家在非传统安全或是非安全热点问题方面的合作。并且，选择将分歧和对立严重的传统问题暂时搁置，将非传统安全、人类安全等问题的协商与合作放在首位，“通过以非安全问题为中心的功能性合作，消除区域内成员国之间存在的不信任和质疑，培养互信，逐渐扩大合作范围，从多层次、多元化角度，确立信赖的文化、合作的习惯和新的区域同一性，最终在东北亚区域内构建可持续的和平、稳定、繁荣的框架和基础”。[①] 因此，东北亚和平合作构想如果能够得以实施，必须得到区域内主要国家最高决策者的政治支持。

美国是朴槿惠就任总统后出访的第一个国家。2013 年 5 月 7 日，韩美两国在《韩美同盟 60 周年纪念共同宣言》中没有直接提及朴槿惠政府的“东北亚和平合作构想”，仅称两国正在为共同探索构建东北亚和平合作时代的方案而准备着：“……以牢固的韩美同盟为基础，我们……正为共同探索在东北亚地区构建和平合作时代而准备……我们还将在应对全球气候变化、清洁能源开发、能源安全、人权、人道支援、开发支援合作、打击恐怖主义、原子能的和平利用、原子能安全、核不扩散、网络安全和打击海盗等领域加强合作。”这是朴槿惠政府的东北亚和平合作构想涉及的议题，也就是说，它只是表明将在非传统安全和人类安全领域内加强合作，并非是对朴槿惠政府的东北亚和平合作构想的直接支持。

① 朴炳奭：《朴槿惠政府东北亚和平合作构想的具体化和改进方向》，《当代韩国》2014 年第 1 期。

对于东北亚和平合作构想，中国表示，中国希望并支持有关国家通过对话缓和紧张、改善关系。中国将与有关国家一道，为了维护朝鲜半岛和地区的和平与稳定做出不懈努力。2013 年 5 月 9 日，中国外交部发言人华春莹在例行记者会上表示，中方注意到朴槿惠总统访问美国期间，就东北亚和平与合作提出了一些倡议。中方支持有关各方多做有助于缓解紧张、改善关系的事，希望有关各方一道努力，共同致力于维护本地区的和平、稳定与发展。2013 年 6 月 27 日中韩首脑会谈后发表的《中韩面向未来联合声明》提及了朴槿惠总统的“亚洲悖论”，同时表明了中国原则上支持东北亚和平合作构想的立场，并形成了比《韩美同盟 60 周年纪念共同宣言》更进一步的共识：双方一致认为，当前亚洲地区国家间经济发展和相互依存度不断加深，但政治安全合作相对滞后，特别是对因历史问题而造成的区域内国家间对立和互不信任加深的情况表示担忧，双方商定将共同致力于构建区域内国家信任与合作的共同目标。在此背景下，中方表示对朴槿惠总统提出的东北亚和平合作构想予以赞赏和原则支持。

朴槿惠政府提出，东北亚和平合作构想就是通过地区内国家的合作与对话，间接营造解决朝鲜半岛问题的氛围，其最终的实质性目标就是解决朝鲜问题。但是，韩国提出的这一构想遭到了朝鲜的强烈谴责。2013 年 5 月 12 日，朝鲜祖国和平统一委员会书记局参赞称，“朝鲜半岛信任进程”和“东北亚和平合作构想”只不过是李明博政府时期对朝政策的复制品，是为了掩盖挑衅目的的荒诞不经的言论。2013 年 5 月 15 日，朝鲜中央通讯社报道称，“朝鲜半岛信任进程”与李明博政府的“无核 · 开放 · 3000”的内容本质上没有什么不同，是过去那些失败政策的复制品。无论是“无核 · 开放 · 3000”，还是“朝鲜半岛信任进程”，都暴露出残杀同族的野心。朝鲜的对韩宣传网站“我们民族之间”也指出，东北亚和平合作构想实际上是为美国的世界霸权野心服务的，是毫无实现可能性的。因此，在相当长一段时间内，朝鲜参与东北亚和平合作构想的可能性都非常小。

由上述可知，对于韩国提出的东北亚和平合作构想，朝鲜明确表示了反对意见，美国没有显示出明确的支持，日本和俄罗斯均未做出正式反应，只有中方予以赞赏和原则支持。在这种情况下，朴槿惠政府提出的东北亚和平合作构想能否取得重大进展让人感到疑虑。

小　结

朴槿惠总统上任后，对李明博政府时期的东北亚外交政策进行了相应调整，提出了东北亚和平合作构想，并且在韩美战略同盟关系、韩国与中国关系、韩国与俄罗斯关系以及韩国对日外交方面都表现出新的动向。鉴于近年来东北亚安全形势复杂多变，东北亚各国的对外政策以及东北亚国际关系都进入调整期，朴槿惠政府东北亚政策的调整必将对东北亚地区产生影响。在这种情况下，中国应高度重视中韩关系的发展，努力将中韩战略合作伙伴关系不断推向前进。在东北亚地区，虽然韩国与美国是同盟关系，但是中韩经济关系密切。近几年，随着中韩经济往来的蓬勃发展，中韩政治互信也得到增强。尤其是韩国总统朴槿惠上任后，对发展中韩战略合作伙伴关系采取了比李明博政府时期更为积极的态度。2013 年 6 月，朴槿惠总统访华，在此之后，双方达成的各项协议都在稳步推进，两国关系发展进入新阶段。中方也高度重视中韩关系，将中韩关系放在中国对外关系的重要位置，在政治、经济、文化等广阔的领域，特别重视发展与韩国间的友好关系。习近平主席提出的发展中韩关系的四项基本精神进一步充实了中韩战略合作伙伴关系的内涵，指出了今后两国关系的发展方向及发展原则，体现出中方领导人对发展中韩关系的高度重视。

应该说，中国一直重视与韩国关系的发展。1992 年建交以来，中韩两国关系的发展进程包括“友好合作关系”（1992 年）、“合作伙伴关系”（1998 年）和“全面合作伙伴关系”（2003 年）。2008 年 5 月，以李明博总统访华为契机，双方一致同意将中韩“全面合作伙伴关系”提升为“战略合作伙伴关系”。“战略合作伙伴关系”是除中国与朝鲜建立的“传统友好合作关系”外，中国与别国之间建立的最高层次的双边关系。中韩关系的接连提升，充分表明了中国政府对韩国的重视。中韩加强合作与互动，将给朝鲜半岛和平机制等地区议题的推进带来好处，有利于朝鲜半岛的稳定。学者张蕴岭在《未来 10—15 年中国在亚太地区面临的国际环境》一书中早已指出，“一个稳定的局势，和平的局势，最符合中国创建一个和平与合作的周边环境的需要；一个统一的朝鲜半岛要比一个分裂的朝鲜半岛更加可能实现稳定与和平；一个通过各国合作建立起来的地区安全机制要比一个由美国主导的地区秩序更符合中国以及本地区各国的利益”。[①] 从长远看，一个统一、稳定的朝鲜半岛有利于朝鲜民族的兴旺发达，同时也符合中国的国家利益，有利于中国东北地区的发展，维护朝鲜半岛的和平稳定是当前中国最重要的战略利益。一方面，中国应维护中朝传统友好关系，坚持互利合作，实施“与邻为善、以邻为伴”的方针，特别是在美国“亚太再平衡”战略的影响下，朝鲜半岛的地缘战略作用更加突出，中朝友好合作显得尤为重要；另一方面，应特别注重发展与韩国在政治、军事、安保等方面的全面战略合作，此前的中韩战略合作伙伴关系主要集中在经贸领域的合作，在政治安全方面实质性合作的内容比较少。朴槿惠执政后，强调对华合作，给中韩关系带来了新机遇。深化中韩战略合作伙伴关系，是今后维系朝鲜半岛和平与稳定的重要一环。[②] 中韩两国在半岛问题上有重

---

① 张蕴岭主编：《未来 10—15 年中国在亚太地区面临的国际环境》，中国社会科学出版社，2003 年，第 354 页。

② 王林昌：《中国积极推动朝鲜半岛和平机制的形成》，《东北亚学刊》2013 年第 4 期。

要共同利益，也有许多相同看法，实现半岛和平、朝鲜稳定、朝韩关系正常化最根本的办法，就是建立朝鲜半岛和平机制。建立朝鲜半岛和平机制，取代停战体制，是韩国政府的既定目标。中国政府一直支持朝鲜半岛和平机制的建立，积极发挥中国对朝韩双方都保持友好关系的特殊作用，积极推动朝韩关系发展。中韩两国可以在对朝政策、朝核问题以及朝鲜半岛和平机制等议题的讨论中进一步加强合作与协调，维护中国在朝鲜半岛的战略利益。

今后，中国应努力充实中韩战略合作伙伴关系的内涵，明确两国在各领域交流与合作的努力方向，提升韩国在中国周边外交中的地位，推动中韩关系进一步向前发展。中韩友好不仅是朴槿惠东北亚政策调整的情况下中国一种合理的政策取向，同时也符合中韩双方的国家利益。中韩双方对深化战略合作伙伴关系有着高度共识，都期待进一步开展全方位、多层次的交流与合作，都希望本地区和平稳定。中国是东北亚地区稳定和发展的关键国家，是推进地区合作的主要力量，在东北亚地区，中韩关系将成为维护本地区稳定的“稳定器”，中韩强化战略合作伙伴关系，在日益变化的东北亚国际新格局中对中韩双方和本地区的发展都有益。中国目前的根本利益就在于经济发展，在东北亚地区的外交格局中，中国应在坚持与东北亚地区各方进行多边对话保持地区合作的同时，力争利用地缘政治上的优势以及在半岛事务的影响力，在东北亚地区事务中扮演更为积极务实的角色，为中国的安全外交开创更理想的外部环境。

结　论

韩国的东北亚政策经过不断的演进，正逐步走向成熟。本书对韩国东北亚政策进行了系统的、全面的、客观的研究，力求对韩国东北亚政策的发展过程、特点等进行分析和概括，发现其发展规律，为读者更好地了解韩国外交奉献些许绵薄之力。通过分析，本书得出以下几点结论：

第一，韩国的东北亚政策是其外交政策的重要组成部分。

东北亚地区是世界上最重要的地区之一，这里集中了世界主要大国，是世界经济发展最迅速的地区之一。朝鲜半岛由于其重要的地理位置，处于美、日、中、俄四大国利益的交叉点上，在政治、经济、安全等问题上都与四大国有着密不可分的关系。在历届韩国政府的外交政策中，都注重处理好与东北亚四大国的关系。冷战结束后，东北亚地区的国际关系和地缘政治环境发生了重大变化，顺应国际形势发展趋势，韩国的东北亚政策也进行了相应调整，其东北亚政策的内容不断得以充实。从金泳三政府时期的“四强外交”到金大中政府时期的“四强协调外交”，韩国逐渐形成了韩美同盟关系、韩美日三边协调体制及与中、俄友好合作关系的局面。卢武铉政府时期提出要做“东北亚均衡者”，宣称将脱离冷战产物——韩美日南方三角同盟，在美日和中俄之间发挥均衡者的作用。到了李明博政府时期，提出了“实用主义”的四强外交，在巩固韩美同盟、发展韩日友好关系的同时，加强与中国和俄罗斯的合作。李明博执政后随即开始践行其具有“实用主义”的四强外交，李明博政府在与美国建立了“21 世纪战略同盟关系”之后，成功地提升了与日本、中国、俄罗斯的双边关系，相继建立了韩日“成熟的伙伴关系”、韩中“战略合作伙伴关系”及韩俄“战略合作伙伴关系”，体现了韩国政府对东北亚地区国家关系的重视。2013 年 2 月 25 日，随着韩国历史上首位女总统朴槿惠的宣誓就职，韩国开启了朴槿惠时代。为缓和亚洲地区的紧张局势，增强亚太地区的和平与合作，朴槿惠总统提出了“东北亚和平合作构想”。虽然韩国的东北亚外交政策面临着诸多挑战，但是东北亚地区仍然是韩国外交的主要方向，韩国的东北亚政策是其外交政策的重要组成部分，朴槿惠政府将继续强化韩美、韩中战略合作，以进一步发挥韩国在东北亚外交安保战略中的协调作用。韩国的东北亚政策能否成功，取决于韩国整体实力的提高，取决于东北亚地区环境，更取决于韩国能否在东北亚纷繁复杂的国家关系中找到自己的国家定位，并妥善处理好与东北亚各国的外交关系，即本书中所论述的韩美关系、韩日关系、韩中关系以及韩俄关系，以赢得周边国家乃至国际社会的信任和支持。

第二，韩美同盟关系是韩国外交政策的基石。

在韩国东北亚政策的实施过程中，韩美同盟一直是其外交政策的“基石”和“轴心”。韩美两国自 1953 年签署《韩美共同防御条约》至今已逾 60 年，在这长达半个多世纪的时间里，华盛顿和首尔之间一直维持着相对稳定的同盟关系，维护和加强韩美同盟关系始终是韩国对外关系的首要目标。但是，随着美国全球战略的调整和冷战后东北亚地区格局的新变化，韩国对美政策也进行了调整。特别是在以对美说“不”为口号上台的卢武铉政府执政时期，韩国独立意识逐渐增强，韩美意见的分歧及卢武铉所倡导的“均衡者外交”对韩美同盟有着消极影响，一度引起了韩美关系的裂痕，但是卢武铉政府也从未否认过韩美关系是攸关韩国生存与繁荣的重要基础。美国当今世界的超强地位和在朝鲜半岛的军事存在，使韩国不得不承认美国在维护朝鲜半岛稳定和解决朝鲜核问题等事务中的主导作用，脱离韩美同盟的外交对韩国来说是不可想象的，韩国与美国在整个东北亚国际关系中传统盟国关系的基本框架没有改变，而且还会发展下去。在2008年韩国总统选举中，带有亲美色彩的李明博高票当选本身也说明了韩国民众对韩美关系的重视。李明博政府上台执政后，在对外政策方面，置美国于韩国外交首位，为弥合韩美裂痕，恢复互信，进一步加强韩美同盟关系做了大量外交努力。朴槿惠政府执政后，推进构筑韩美全面战略同盟的意图更加明确。《韩美同盟未来共同展望》和《韩美结盟60周年宣言》两个文件的签署，明确了韩美全面战略同盟关系的新型定位，同时也为韩美同盟关系的未来发展指明了方向。与此同时，驻韩美军作为冷战遗产，其作用也逐渐超越维护半岛稳定的职责，开始履行维护地区安全的作用。

此外，韩国还将与美国共同应对金融危机、一同参与反恐、防止大规模杀伤性武器扩散、反毒品、疾病防治等国际事务。韩国在安全问题上将会更多地借助美国的保护。韩美同盟是韩国维护自身安全和半岛稳定、保持东北亚地区安全战略平衡的关键，对美外交依然是其外交政策的“基础”，巩固和发展韩美同盟仍然是维护韩国当前和长远利益之所需。

第三，韩国的东北亚政策是平衡与务实的选择。

作为东北亚地区的中心国家之一，韩国要发展，需要保持其在东北亚国家之间的平衡关系。冷战结束后，韩国利用变化中的国际形势，尤其是东北亚地区局势有利于自己的契机，积极主动地扩大对外交往，大力开展“北方外交”。从“北方外交”政策起，韩国先后经历了金泳三政府的“四强外交”、金大中政府的“四强协调外交”、卢武铉政府的“东北亚均衡者外交”，直至李明博政府倡导的“实用主义”四强外交，韩国在东北亚政策实施过程中“实用均衡”的外交理念始终贯穿其中。

因此，从平衡的角度出发，韩国政府强调与美国、日本、中国、俄罗斯等国保持良好的合作关系。在巩固韩美同盟关系的同时，积极发展与周边大国相对平衡、友好的关系，希望通过与大国之间的同盟及协作关系，解决朝鲜半岛的冷战局势，从而在东北亚地区创造和平与发展的格局。与此同时，韩国的外交取向也更加务实，在强调与美国保持传统友好同盟关系的同时，全面加强与中国的合作关系。中韩自 1992 年 8 月建交后，在政治、经济、文化等各方面取得了迅速的发展，连续迈上了几个新台阶。2008 年 5 月 27 日，以韩国总统李明博访华为契机，中韩成功地将两国此前的“全面合作伙伴关系”提升为“战略合作伙伴关系”，李明博仍然强调同美、中等大国之间保持良好的合作关系。朴槿惠担任韩国总统后更加注重对华外交，中韩两国首脑频繁会晤，增强了两国领导人之间的政治互信，双方通过发表《中韩面向未来联合声明》和《充实中韩战略合作伙伴关系行动计划》，全面提升和充实了两国战略合作伙伴关系的水平和内涵，中韩合作有利于实现朝鲜半岛及东北亚地区的和平与繁荣。

韩国自信其作为东北亚地区的一支坚实力量，将为实现东北亚地区的和平与繁荣起到更大的作用。但是，东北亚地区的和平与稳定仅凭一国的力量是很难实现的，它需要有关国家的密切合作与相互理解。中国是东北亚地区稳定和发展的关键国家，是推进地区合作的主要力量。中国在 20 世纪 90 年代末期实现了外交战略上的调整，“大国是关键”同“周边是首要、多边是舞台”共同构成了中国东亚战略的基调。目前中韩关系平稳发展，中美关系、中日关系、韩日关系以及美日韩三边关系都处于调整的关键时期，在东北亚地区，中韩关系将成为维护本地区稳定的关键因素，中韩强化战略合作伙伴关系在日益变化的东北亚国际新格局中对中韩双方和本地区的发展都有益。中方始终从战略高度将中韩关系置于中国对外关系的重要位置，韩国同中国进一步发展友好关系，可以提高韩国的国际地位和在东北亚地区的影响力。

韩国虽然称不上是“小国大外交”的典范，但它的确在东北亚这样一个特殊的地缘政治环境中求得了生存与发展。冷战后，韩国奉行“自主均衡”的外交战略，韩国外交主要针对东北亚地区有重大利益的有关大国展开，谋求与美、日、中、俄建立四边平衡关系，这种平衡外交的思维有利于提高韩国在东北亚地区的地位和发挥韩国作为东北亚地区中心国家的作用。只有保持平衡外交，才有利于韩国与周边大国的发展，保证朝鲜半岛的和平，保持周边环境的稳定。当前，东北亚地区形势总体上趋向缓和，各国相互成为重要的经贸合作伙伴，但是冷战思维和安全困境仍然存在。鉴于此，东北亚各国应超越冷战思维，为建设一个和平稳定和发展繁荣的东北亚地区而共同努力。

参考文献

一、中文

（一）著作

1. 信夫清三郎：《日本外交史（下册）》商务印书馆，1980年。

2. 《邓小平文选（第三卷）》，人民出版社，1993年。

3. 白凤南：《韩国经济》，延边大学出版社，1994年。

4. 刘金质、杨淮生：《中国对朝鲜和韩国政策文件汇编（1949—1994）》，中国社会科学出版社，1994年。

5. 张英、曹丽琴：《韩国经济政治研究》，中州古籍出版社，1994年。

6. 朴泰衡、金东勋、金华林：《朝鲜—韩国概况》，延边大学出版社，1995年。

7. 金龟春：《中朝韩日关系史研究论丛》，延边大学出版社，1995年。

8. 任晓：《韩国经济发展的政治分析》，上海人民出版社，1995年。

9. 刘李胜：《韩国概论》，东方出版社，1995年。

10. 冯昭奎、刘世龙：《战后日本外交：1945—1995》，中国社会科学出版社，1996 年。

11. ［韩］姜万吉：《韩国现代史（中译本）》，社会科学文献出版社，1997 年。

12. 宋成有：《中韩关系史（现代卷）》，社会科学文献出版社，1997 年。

13. 刘金质、张敏秋、张小明：《当代中韩关系》，中国社会科学出版社，1998 年。

14. 王明星：《韩国近代外交与中国：1861—1910》，中国社会科学出版社，1998 年。

15. 王泰平：《新中国外交 50 年》，北京出版社，1999 年。

16. 张英：《和平和解合作——韩国金大中总统的对北包容政策》，吉林省社会科学院朝鲜·韩国研究所，2000 年。

17. 崔志鹰：《大国与朝鲜半岛》，卓越出版社，2000 年。

18. 郭定平：《韩国政治转型研究》，中国社会科学出版社，2000 年。

19. 张蕴岭：《伙伴还是对手——调整中的中美日俄关系》，社会科学文献出版社，2001 年。

20. 陈洁华：《21 世纪中国外交战略》，时事出版社，2001 年。

21. 方连庆、刘金质：《战后国际关系史（上、下）》，北京大学出版社，2001 年。

22. 阎学通、孙学峰：《国际关系研究实用方法》，人民出版社，2001 年。

23. 张蕴岭：《21 世纪：世界格局与大国关系》，社会科学文献出版社，2001 年。

24. 宋国涛、金歌：《中国国际形势问题报告》，中国社会科学出版社，2002 年。

25. 陈峰君、王传剑：《亚太大国与朝鲜半岛》，北京大学出版社，2002 年。

26. 高连福：《东北亚国家对外战略》，社会科学文献出版社，2002 年。

27. 王东福：《朝鲜半岛与东北亚国际关系史研究》，延边大学出版社，2002 年。

28. 陈舟：《美国的安全战略与东亚》，世界知识出版社，2002 年。

29. 孙叔林：《当代亚太政治》，世界知识出版社，2002 年。

30. 赵学功：《巨大的转变：战后美国对东亚的政策》，天津人民出版社，2002 年。

31. 刘建飞、林晓光：《21 世纪初期的中美日战略关系》，中共中央党校出版社，2002 年。

32. 唐希中、刘少华：《中国与周边国家关系》，中国社会科学出版社，2003 年。

33. 钱其琛：《外交十记》，世界知识出版社，2003 年。

34. 周荣耀：《“9 · 11”后的国际战略关系》，中国社会科学出版社，2003 年。

35. 江西元：《大国战略与未来中国》，中国社会科学出版社，2003 年。

36. 楚树龙：《国际关系基本理论》，清华大学出版社，2003 年。

37. 赵虎吉：《揭开韩国神秘的面纱——现代化与权威主义》，《韩国现代化政治发展研究》，民族出版社，2003 年。

38. 顾关福：《战后国际关系（1945—2003）》，时事出版社，2003 年。

39. 王传剑：《双重规制——冷战后美国的朝鲜半岛政策》，世界知识出版社，2003 年。

40. 张蕴岭：《未来 10—15 年中国在亚太地区面临的国际环境》，中国社会科学出版社，2003 年。

41. 陶文钊、杜瑞清：《中美关系与东亚国际格局》，中国社会科学出版社，2003 年。

42. 李义虎：《国际格局论》，北京出版社，2004 年。

43. 刘清才：《21 世纪初东北亚地缘政治：区域政治与国家关系》，吉林大学出版社，2004 年版。

44. 牛大勇、沈志华：《冷战与中国周边关系》，世界知识出版社，2004 年。

45. 李建民：《冷战后日本的“普通国家化”与中日关系的发展》，中国社会科学出版社，2005 年。

46. 董向荣：《韩国起飞的外部动力：美国对韩国发展的影响（1945—1965）》，社会科学文献出版社，2005 年。

47. 曹中平、张琏瑰：《当代韩国史（1945 ~ 2000）》，南开大学出版社，2005 年。

48. 阎学通：《国际政治与中国》，北京大学出版社，2005 年。

49. 邵毅平：《朝鲜半岛：地缘环境的挑战与应战》，古籍出版社，2005 年。

50. 阎学通、金德湘：《东亚和平与安全》，时事出版社，2005 年。

51. 邵毅平：《朝鲜半岛地缘环境的挑战与应战》，上海古籍出版社，2005 年。

52. 杨勉：《国际政治中的中国外交》，中国传媒大学出版社，2005 年。

53. ［美］兹比格涅夫·布热津斯基：《大抉择》，新华出版社，2005 年。

54. ［美］约翰·伊肯伯里：《美国无敌：均势的未来》，北京大学出版社，2005 年。

55. 孟庆义、赵文静：《朝鲜半岛：问题与出路》，人民出版社，2006 年。

56. 詹小洪：《韩流汉风》，社会科学出版社，2006 年。

57. 赵传君：《东北亚三大关系研究——经贸·政治·安全》，社会科学文献出版社，2006 年。

58. 刘清才：《俄罗斯东北亚政策研究：地缘政治与国家关系》，吉林人民出版社，2006 年。

59. 郭力：《俄罗斯东北亚战略》，社会科学文献出版社，2006 年。

60. 杨军、王秋彬：《中国与朝鲜半岛关系史论》，社会科学文献出版社，2006 年。

61. 朴键一、朴光姬：《中韩关系与东北亚经济共同体》，中国社会科学出版社，2006 年。

62. 朴键一、马军伟：《中国对朝鲜半岛的研究》，民族出版社，2006 年。

63. 刘金质、潘京初：《中国与朝鲜半岛国家关系文件资料汇编（1991—2006）（上、下册）》，世界知识出版社，2006 年。

64. 刘江永：《中国与日本：变化中的“政冷经热”关系》，人民出版社，2007 年。

65. 徐文吉：《朝鲜半岛时局与对策研究》，山东大学出版社，2007 年。

66. 金正昆：《外交学》，中国人民大学出版社，2007 年。

67. 刘清才、高科：《东北亚地缘政治与中国地缘战略》，天津人民出版社，2007 年。

68. 朱锋：《国际关系理论与东亚安全》，中国人民大学出版社，2007 年。

69. 汪伟民：《联盟理论与美国的联盟战略——以美日、美韩联盟研究为例》，世界知识出版社，2007 年。

70. ［美］约翰·米尔斯海默：《大国政治的悲剧》，上海世纪出版集团，2008 年。

71. 沈定昌：《韩国外交与美国》，社会科学文献出版社，2008 年。

72. 喻常森、黄云静：《当代亚太国际关系与地区合作》，中山大学出版社，2008 年。

73. 朴键一：《韩国总统李明博》，红旗出版社，2008 年。

74. 沈定昌、刘大军：《朝鲜半岛相关文献目录：1992—2005》，辽宁民族出版社，2008 年。

75. 魏志江等：《“冷战”后中韩关系研究》，中山大学出版社，2009 年。

76. 何剑：《东北亚安全合作机制研究》，东北财经大学出版社，2008 年。

77. 崔志鹰：《朝鲜半岛：多角度、全方位的扫描、剖析》，同济大学出版社，2009 年。

78. 刘杰：《能源问题与国家安全》，时事出版社，2009 年。

79. 刘建飞、刘丽华：《同舟共济——东北亚安全与合作》，九州出版社，2009 年。

80. 李东华：《韩国科技发展模式与经验：从引进到创新的跨越》，社会科学文献出版社，2009 年。

81. 黄大慧：《变化中的东亚与美国——东亚的崛起及其秩序建构》，社会科学文献出版社，2010 年。

82. 马广志：《青瓦台的悲剧：韩国历任总统的暗淡结局》，中国经济出版社，2010 年。

83. 刘杰：《多边合作与中国外交》，时事出版社，2010 年。

84. 郭文君：《东北增长极》，吉林人民出版社，2010 年。

85. 王晓波：《布什政府的对朝鲜政策——进攻性现实主义的视角》，社会科学文献出版社，2011 年。

86. 梁志：《冷战与“民族国家构建”：韩国政治经济发展中的美国因素（1945—1987）》，社会科学文献出版社，2011 年。

87. 牛林杰、刘宝全：《韩国发展报告（2007—2013）》，社会科学文献出版社，2007—2013 年。

88. 黄凤志：《东北亚地区政治与安全报告（2012）》，社会科学文献出版社，2012 年。

89. 张召忠：《朝鲜半岛风云》，北京联合出版公司，2012 年。

90. 柳思思：《突破与创新：国际关系理论的新研究》，时事出版社，2013 年。

91. 王希亮：《日本右翼势力与东北亚国际关系》，社会科学文献出版社，2013 年。

92. 刘建飞：《美国“民主联盟”战略研究》，当代世界出版社，2013 年。

93. 白洁：《朝鲜半岛观察笔记》，世界知识出版社，2013 年。

94. 朴钟锦：《韩国政治经济与外交》，知识产权出版社，2013 年。

95. 朴键一：《中国周边安全环境与朝鲜半岛问题》，中央民族大学出版社，2013 年。

96. ［法］巴蒂斯特拉：《国际关系理论》，社会科学文献出版社，2013 年。

97. 李凡：《战后东北亚主要国家间领土纠纷与国际关系研究》，江苏人民出版社，2013 年。

98. 王晓玲：《韩国人的中国观》，社会科学文献出版社，2014 年。

99. 郭连成：《俄罗斯东部开发新战略与东北亚经济合作研究》，人民出版社，2014 年。

100. 孙瑜：《战后初期美国外交与旧金山媾和》，社会科学文献出版社，2014 年。

101. 朱芹：《独立与依附：李承晚之外交独立思想》，社会科学文献出版社，2014 年。

102. 龚克瑜：《当代韩国政治演进与超越》，知识产权出版社，

2014 年。

103. 金强一、朴东勋：《东北亚国际合作：困境与出路》，社会科学文献出版社，2014 年。

104. 许亮：《东北亚安全制度中的同盟主义对于多边主义：理论与历史》，中国政法大学出版社，2014 年。

105. 梁志：《战后美国与朝鲜半岛关系研究》，九州出版社，2014 年。

106. 门洪华、［韩］辛正承：《东北亚合作与中韩关系》，中国经济出版社，2014 年。

（二）论文

1. ［日］冈谷直明、宋朝晖：《日韩贸易现状》，《世界经济科技》1992 年第 20 期。

2. 林晓光：《金泳三当选总统一年来韩国的内外政策》，《外国问题研究》1994 年第 3 期。

3. 玄伟东：《韩国北方外交政策及其对东北亚政治形势的影响》，《东北师大学报年第哲学社会科学版》1994 年第 4 期。

4. 虞少华：《金泳三执政以来的韩国内政外交》，《国际问题研究》1994 年第 7 期。

5. 李映周：《中国的新外交战略和韩中关系》，北京大学博士学位论文，1996 年。

6. 吴心伯：《冷战后韩国的安全政策》，《当代亚太》1996 年第 2 期。

7. 冯特君、蒲傅：《东北亚新形势下的韩国外交走向》，《韩国东北亚论丛》1996 年第 2 期。

8. 胡宗兵、章晓野：《冷战后时期韩国外交新走向》，《国际观察》1997 年第 1 期。

9. 蒲俜:《新形势下的韩国外交》,《当代亚太》1997 年第 2 期。

10. 方柏华:《国际环境对国家对外战略的影响》,《政治、经济》1997 年第 5 期。

11. 李妍:《试论中韩建交的原因和意义》,《黑龙江社会科学》1998 年第 2 期。

12. 孙茹:《70 年代美韩安全关系中的撤军问题》,《太平洋学报》1998 年第 4 期。

13. 洪冕基:《中国对朝鲜半岛地缘战略与东北亚新秩序的探索》,北京大学博士学位论文,2000 年。

14. 俞炳勇:《1948 年以来韩国政府的北方政策研究》,《东北亚论坛》2000 年第 3 期。

15. 吴洙烈:《中美日俄东北亚政策的比较研究》,北京大学博士学位论文,2001 年。

16. 梁志:《论艾森豪威尔政府对韩国的援助政策》,《美国研究》2001 年第 4 期。

17. 金熙德:《韩日关系的定位、调整和近期走向》,《当代韩国》2001 年秋季号期。

18. 郑泽民:《美核危机韩国发挥“主导作用”原因之探析》,《东北亚论坛》2003 年第 2 期。

19. 张万里:《俄韩经济合作的现状和前景》,《西伯利亚研究》2003 年第 2 期。

20. 李相万:《卢武铉政府对朝经济政策评述》,《国际观察》2003 年第 3 期。

21. 李军:《卢武铉政府“和平繁荣政策”浅析》,《现代国际关系》2003 年第 4 期。

22. 钟方:《卢武铉就任后韩国外交政策新变化》,《时事:时事报告大学生版》2003 年第 5 期。

23. 程玉洁：《卢武铉对朝政策"变化"的影响分析》，《现代国际关系》2003 年第 6 期。

24. 田培良：《韩国外交政策的两难选择》，《当代世界》2003 年第 8 期。

25. 文井：《历史地缘因素影响韩国外交》，《瞭望》2004 年第 4 期。

26. 董向荣：《美国对韩国的援助政策：缘起、演进与结果》，《世界历史》2004 年第 6 期。

27. 王珊：《日本对韩外交及日韩关系》，《现代国际关系》2004 年第 8 期。

28. 方秀玉、年第韩）李元凤：《韩美同盟关系：历史与现状，韩国研究论丛年第第十一辑)》，《中国社会科学出版社》2004 年第 12 期。

29. 李雪威：《冷战后韩国对朝政策研究》，吉林大学博士学位论文，2005 年。

30. 王绍章：《俄罗斯东北亚战略研究》，吉林大学博士学位论文，2005 年。

31. 任晓：《六方会谈与东北亚多边安全机制的可能性》，《国际问题研究》2005 年第 1 期。

32. 廖小健、廖新：《卢武铉的"能源外交"及启示》，《东北亚论坛》2005 年第 2 期。

33. 汪伟民：《冷战时期的美日韩安全三角——准联盟理论与联盟困境的视角》，《国际政治研究》2005 年第 4 期。

34. 王义桅：《在理想与现实之间：理解韩国外交》，《国际论坛》2005 年第 6 期。

35. 赵成国：《朴正熙与韩日邦交正常化》，《学习月刊》2005 年第 7 期。

36. 贾彩霞：《中韩开展经济外交的必要性及战略合作走向》，《当代韩国》2005 年冬季号期。

37. 李军：《试析卢武铉政府的“均衡者外交”》，《现代国际关系》2005 年第 12 期。

38. 李玉华：《韩国：小国大外交》，《当代世界》2005 年第 12 期。

39. 姜龙范：《朝鲜战争对中国的影响》，《延大史学论集》，延边大学出版社，2006 年。

40. 赵庸局：《朝鲜半岛和平机制建立与周边国家的关系研究》，延边大学博士学位论文，2006 年。

41. 汪权：《冷战后的美国朝鲜半岛政策析论》，中共中央党校博士学位论文，2006 年。

42. 魏志江、姜秀敏：《卢武铉的和平繁荣政策及其对中韩关系的影响》，《东北亚论坛》2006 年第 1 期。

43. 魏玲：《东北亚多边安全机制建设——以朝核问题六方会谈为例》，《外交评论》2006 年第 2 期。

44. 姜龙范、庞彦：《评析卢武铉“和平繁荣政策”下南北关系的发展》，《东疆学刊》2006 年第 3 期。

45. 孙俊华：《尼克松主义对日韩安全合作关系的影响》，《日本学论坛》2006 年第 4 期。

46. 朴键一：《中韩“全面合作伙伴关系”新阶段辨析》，《当代亚太》2006 年第 8 期。

47. 陈宗权：《布什政府对韩安全政策调整中的中国因素》，《当代亚太》2006 年第 9 期。

48. 刘小芳、吴建华：《冷战后韩国的新外交及其成因》，《国际资料信息》2006 年第 11 期。

49. 龚铁鹰：《渐行渐远的韩美关系》，《支部生活》2006 年第 11 期。

50. 姜龙范：《日韩“新型伙伴关系”：评估与展望》，《韩国东北亚论丛》2007年第4期。

51. 夏立平：《论韩国核不扩散政策与美韩联盟转型》，《当代亚太》2007年第9期。

52. 河度亨年第韩）：《韩中国防交流的扩大及制约因素》，《现代中国研究》2007年第9期。

53. 王俊生：《中韩在第二次朝核危机中的共同立场和相互协调分析》，《当代韩国》2008年春季号期。

54. 何彤梅：《中韩政治外交关系研究年第（1945—2007）》，延边大学博士学位论文，2008年。

55. 姜龙范：《朝鲜半岛与日本“政治大国化”战略》，韩国研究论丛年第第十八辑），2008年。

56. 金兴奎：《韩中关系的评价与展望：以外交安保为中心》，《当代韩国》2008年春季号期。

57. 张隽：《韩国对俄罗斯经贸战略分析及对哈尔滨市的启示》，《当代韩国》2008年夏季号期。

58. 王生：《韩国外交的美国情结与现实抉择——接近美国并不会疏远中国》，《东北亚论坛》2008年第4期。

59. 姜龙范：《合作与龃龉交错的日韩军事交流》，《东疆学刊》2008年第4期。

60. 魏志江：《论中韩战略合作伙伴关系的建立及其影响》，《当代亚太》2008年第4期。

61. 刘江永：《奥运会对东北亚国家的影响——以北京奥运会为中心》，《东北亚论坛》2008年第5期。

62. 姜龙范：《“朝核危机”与日朝邦交正常化》，《国际观察》2008年第5期。

63. 姜龙范：《朝鲜核危机的发展态势及对中国安全的影响》，《韩国朝鲜大学社会科学论丛年第第二辑）》2008年第12期。

64. 马建英、韩玉贵：《论李明博政府的实用主义外交》，《东北亚论坛》2009 年第 1 期。

65. 张建：《中韩战略合作伙伴关系的成因、制约因素与前景》，《韩国研究论丛》2009 年第 1 期。

66. 李杨帆：《韩国对中韩历史的选择性叙述与中韩关系》，《国际政治研究》2009 年第 1 期。

67. 姜龙范、马晶：《若即若离的韩日关系：评估与展望》，《东疆学刊》2009 年第 2 期。

68. 王元周：《韩国人的历史观与中韩关系》，《国际政治研究》2009 年第 4 期。

69. 海超：《从单边依附到双边平等——试论朴正熙时期韩美贸易关系的转变》，《法制与经济》2009 年第 6 期。

70. 黄载皓：《战略合作伙伴关系下的中韩军事关系》，《现代国际关系》2009 年第 7 期。

71. 王生：《李明博执政以来的朝韩关系剖析及前景预测》，《当代世界》2009 年第 10 期。

72. 郭锐、凌胜利：《民族主义与韩国外交政策》，《世界经济与政治论坛》2010 年第 3 期。

73. 沈定昌：《2010 年韩国外交综述》，《当代韩国》2011 年第 1 期。

74. 方秀玉、李华：《当代韩日关系刍论》，《辽东学院学报》2011 年第 4 期。

75. 方秀玉：《韩国外交战略取向与对日安全关系》，《中国浙江省委党校学报》2012 年第 1 期。

76. 牛林杰：《2011 年韩国政治外交述评与展望》，《当代韩国》2012 年第 2 期。

77. 韩献栋：《韩国的外交困境：一个概括性框架的解读》，《东北亚论坛》2012 年第 5 期。

78. 曹中屏：《近年来韩日关系状况及其评估》，《东北亚学刊》2012 年第 5 期。

79. 王海燕、李立伟：《韩国能源战略及对俄能源外交分析》，《东北亚学刊》2012 年第 6 期。

80. 盛海燕：《21 世纪初的俄韩经贸关系》，《对外经贸》2012 年第 8 期。

81. 刘宝全：《韩国对中国外交政策的变迁及其存在的问题》，《韩国学论文集》2012 年第 21 辑。

82. 王多一：《冷战后俄韩军事关系》，《国际研究参考》2013 年第 1 期。

83. 魏志江：《试论韩国朴槿惠政府的外交政策趋向与朝鲜半岛局势》，《当代韩国》2013 年第 1 期。

84. 张键：《论韩国朴槿惠政府的“信任外交”政策》，《当代韩国》2013 年第 4 期。

85. 詹德斌：《韩民族“恨”的心理特征与韩国外交》，《国际政治研究》2013 年第 9 期。

86. 刘勃然、黄凤志：《韩国朴槿惠政府东北亚外交战略的调整及其影响》，《国际论坛》2014 年第 2 期。

87. 杨鲁慧、赵伟宁：《韩美不对称同盟及其对韩国外交的影响》，《社会科学》2014 年第 2 期。

二、韩文

（一）著作

1. 외무부. 韓國外交 30 年：1948—1978. 외무부，1979.

2. 이호재. 韓國外交政策의想과 現實：李承晚 外交와美國. 法文社，1988.

3. 외교백서1992 . 대한민국 외교부 , 1992 . 9.

4. 김태현 . 신동아시아 안보질서 . 세종연구소 , 1997.

5. 崔東熙. 탈냉전시대의 한국외교정책 . 하회문화연구소 , 1998 . 4.

6. 崔相龍 李元德 李勉雨 共著. 托冷戰期 韓日關系의 爭點. 集文堂, 1998. 12.

7. 송영우 . 한국의 외교 . 평민사 , 2000 . 2.

8. 홍현익 ,이대우 .동북아 다자안보협력과 주변4강. 세종연구소 ,2001.1.

9. 김창훈 . 한국외교 어제와 오늘 . 다락원 , 2002.

10. 이상현 . 신 세계질서와 동북아 안보 . 세종연구소 , 2004 . 2.

11. 김성철 . 한국의 국가전략2020 . 세종연구소 , 2005 . 8.

12. 소치행 , 박치정 , 강석찬 . 남북한과 동북아국제관계 . 건국대학교출판부 . 2006 . 3.

13. 하영선 . 21세기한국외교대전략 . 동아시아연구원 . 2006 . 6.

14. 배종윤 . 외교정책의 새로운 이해 : 외교정책결정과정과 관료 . 한국학술정보 , 2006.

15. 유영옥 . 한국외교관계의 이해 . 홍억재 . 2006.

16. 최재천 . 한국외교의 새로운 도전과 희망 . 향연 . 2006 . 12.

17. 외교안보연구원 . 변환기 국제정세와 한국외교 . 외교안보연구원 . 2007 . 4.

18. 李相玉：《转换时期的韩国外交——李相玉前外交部长外交回忆录》，《生活与梦想》2003 年第 118 期。

19. 金永植：《黎明的约定》，金英社，1994 年。

（二）论文

1. 정춘일.한국외교 :탈냉전시대 한미안보체제의 장래-변화전망과 구조조정 . 한국국제정치학회 . 국제정치논총 . 1992.

2. 金浩燮：《冷战终结与韩日关系》，國際政治論叢，1992 年。

3. 김두진 .동북아 신질서와 한국의대응:동북아 신정치 안보 질서와한

국의 대응전략 . 고려대학교 평화연구소 형화연구 . 1996.

4. 조명현 . 21세기에서 한국의 외교정책의방향과 진로 동북아의 안보외교를 중심으로 . 조명현한국동북아학회 . 한국동북아눈총 . 1996.

5. 김선숙 . 탈냉전시대의 한국의 대미외교전략 . 21세기정치학회 . 부산 김선숙 . 탈냉전시대의 한국의 대미외교전략 . 21세기정치학회 . 부산

6. 朴河一：《东北亚形势和韩国的选择》，《地区发展》1998 年第 1 期。

7. 서춘식 . 21세기의 한반도통일정책전략에 관한 연구 . 한국동북아학회 . 한국동북아논총 . 2000.

8. 夏尚植：《韩国对俄罗斯外交十年》，《东亚国际政治学会》，永南国际政治学报 2000 年。

9. 박영호 .미국 부시 행정부의대북정책 전망과 한국의 대북정책 방향 . 동아시아국제정치학회 . 국제정치연구 . 2001.

10. 조순구 , 정항석 . 21세기 한반도 주변 정세와 한국의 선택 . 한국정치외교사학회 한국정치외교사논총 . 2001.

11. 이수석 . 한반도주변 4강의대한반도정책과우리의 통일외교전략 . 한국세계지역학회소식 . 2002.

12. 김경호 . 한반도평화를위한 하나의 대안적 모색 : 다자안보협력체를 중심으로 . 한국국제정치학회 국제정치논총 . 2002.

13. 이경희 . 중국 , 러시아의 대한반도 정책변화와 한국의 대응전략 . 한국동북아학회 . 한국동북아논총 . 2002.

14. 박인휘 . 동북아중심국가건설을 위한 외교안보전략 .세계지역연구논총 . 2003.

15. 李相禹 . 21世紀 아시아 新秩序와 韓國 . 新亞細亞 . 2004.

16. 박건영 . 한미관계과 동북아질서 : 북미관계의 전개와 전망 , 그리고 한반도평화와 안정을 위한 한국의 전략 : 핵문제를 중심으로 , 경남대학교극동문제연구소 . 한국국제정치 . 2004.

17. 박영호 . 탈냉전시대 한국의 대북정책과 남북관계의 변화 . 세계지역연구논총 . 2005.

18. 문흥호 . 동북아시대와 중국; 중국의 대외전략 : 동북아 및 한반도정책을 중심으로 . 경남대학교 극동문제연구소 한국과국제정치 . 2005.

19. 김성형 ,아왕재 .북핵6자회담교착과 한국의 대응정책-윈윈 (win-win) 협상전략을 중심으로 . 한국정책학회한국정책학회보 . 2005.

20. 신상진 . 21세기중국의 대동북아 외교안보전략-한국의 "균형자역할론"과 관련 . 한일군사문화학회 . 한일군사문화연구 . 2006.

21. 박창근 . 북한의 미사일 발사와 중 , 북 관계의 변화 . 연세대학교 사회과학연구소 사회과학논집 . 2006.

22. 안인해 . 미중관계과 한반도핵문제 . 고려대학교 중국학연구소 중국학논총 . 2006.

23. 안인해 .대북정책현황과전망 한국국제정치학회 .연례학술대회 2006.

24. 朴镇希 . 韩国的对日政策和第1次～第3次韩日会谈 . 수선사학회 사림 (성대사림) . 2006.

25. 박영준 . "동북아 균형자"론과 21세기 한국외교 . 한국정치외교사논총 . 28권1호 . 2006.

26. 전경만 .평화번영정책과동북아 안보협력 .신상진 .21세기중국의대 (對) 동북아 외교안 보전략-한국의 '균형자 역할론'과 관련- . 한일군사문화연구 . 4권0호 . 2006.

27. 박영준 . "동북아 균형자"론과 21세기 한국외교 . 한국정치외교사논총 28권1호 . 2006.

29. 김국신 . 미일동맹 강화에 따른 동북아정세변화와 한국의안보정책 대응전략 . 통일연구원 연구정책세미나 . 2007권0호 , 2007.

30. 안충영 . 대외 경제정책의 이상과 현실 : 한국의 대외통상정책 (對外通商政策) 에서 한 (韓) , 중 (中) , 일 (日) FTA가 가지는 정치 (政治) , 경제적 (經濟的) 함의 (含意) . 한국국제학회 30주년 기념논문집 . 0권0호 . 2007.

31. 김향해 . 중 , 일 경쟁구조의 고착화와 한국의 동북아 정책 . 국방정책연구 . 83권0호 . 2009.

32. 김일수 , 정태일 . 한국의 민주화와 한미안보관계의 변화 . 서석사회과학논총 . 2권1호 . 2009.

33. 이상현 .오바마 행정부 외교정책과 한미관계 .통일전략포럼 보고서 , 43권0호 . 2009.

34. 최희식 . 이승만 정부 시기의 한일관계 : 한미일 냉전전략의 불협화음과 한일관계의 정체 . 세계지역연구논총 . 27권3호 , 2009.

35. 임반석 . 중국의 대외정책 및 지역경제 통합전략과 한국 . 한국동북아논총 . 50권0호 , 2009.

36. 이기완 .동맹정치의 변화와 동맹관계-한미 , 미일동맹을 중심으로 . 국방연구 (안보문제연구소) . 53권1호 . 2010.

37. 박인휘 . 박정희 , 김대중의 국가이익과 한미관계 : 동맹-자주의 "분절"혹은 "통합" . 세계지역연구논총 . 2010.

38. 김주삼 . 북중수교61년 평가와한국의 외교적 대응방안 : 2012년 동북아 정세변화를 중심으로 . 한국동북아논총 . 57권0호 . 2010.

39. 배정호 . 오바마 행정부 출범 이후 동북아전략 환경의 변화와 한국의 동북아 4국 통일외교전략 . 통일연구원 . 연구정책세미나 . 2010권0호 . 2010.

40. 김강녕 .동북아 안보정세의 변화와 한국의 국방정책의 과제 . 동북아연구 . 26권1호 , 2011.

41. 이구 .21세기 한반도 평화와 한미동맹관계의 진화 .한국동북아논총 . 62권0호 . 2012.

42. 정일준 . 한국의 민주주의와 한미관계 . 대한미국역사박물관 . 2013.

43. 배정호 .동북아 4국의 대외전략 및 대북전략과 한국의 통일외교 전략 . 통일연구원 . 연구정책세미나 , 2014권0호 . 2014.

44. 정경영 . 한미군사동맹과 한중안보협력의 상관관계 . 군사논단 . 79권0호 , 2014.

45. 박영민 . 김정은 정권의 대외전략과 그 요인 연구 :한국의 대북정책에 주는 함의 . 한국동북아논총 . 73권0호 , 2014.

三、英文

1. Kim Hakjoon. *Korea's relations with her neighbors in a changing world*, Seoul: Hollym International Corporation, 1993.

2. Geoff Simons. *Korea: The Search for Sovereignty*, International Affairs Vol. 71. 1995.

3. Doug Bandow. *Tripwire: Korea and U. S. Foreign Policy in a Changed World*, Cato Institute, 1996.

4. Chung-in, *Kim Dae-jung Government and Sunshine Policy: Promises and Challenges*, Seoul: Yonsei University Press, 1999.

5. Suh, Bo-gun. *Korean Basic Diplomatic Policy and Korean-Russian Co-operation*, Journal of North-East Asian Studies Vol. 13. 1999.

6. Han, Sung-joo. *International Dimension of the Korean Summit.* The Korea Herald, June 16, 2000.

7. Lee, Woo-Jung. *North Korea's Nuclear Strategies and the U. S. Responses: Retrospect and prospect*, Journal of North-East Asian Studies Vol. 18. 2001.

8. Norman D. Levin, Yong-Sup Han. *Sunshine in Korea: the South Korean debate over policies toward North Korea*, RAND. 2002.

9. Inbae Lee. *A Study on Multilateral Approaches to Resolve the North Korean Nuclear Maze*, The Korean Journal of International Relations, Vol. 43. 2003.

10. Young Jong Choi. *East Asian Regionalism and South Korea's FTA Strategy*, The Korean Journal of International Relations, Vol. 44. 2004.

11. Kyung-Suk Chae. *South Korea's Engagement Policy towards North Ko-*

rea Assessment and Outlook, Journal of North-East Asian Studies, Vol. 32, 2004.

12. *The North Korean Nuclear Test and the Future of Northeast Asia*. Korea Institute for National Unification. 2006.

13. Xiaoming Huang. *The invisible hand: Modern Studies of International Relations in Japan, China, and Korea*, Journal of International Relations and Development, Vol. 10. 2007.

14. Young Jong Choi. *South Korea's Regional Strategy and Middle Power Activism*, The Journal of East Asian Affairs. Vol. 23. 2009.

15. William Stueck, Boram Yi. *An Alliance Forged in Blood: The American Occupation of Korea, the Korean War, and the US-South Korean Alliance*, Journal of Strategic Studies. Vol. 33. 2010.

16. David Hundt. *Middle Powers and the Building of Regional Order: Australia and South Korea Compared*, Korea Observer. 2011. 42.

17. John Delury. *Delivering on the Promise of Trustpolitik: Park Geun-hye's Daunting Challenge on the Korean Peninsula*, American Foreign Policy Interests. Vol. 35. 2013.

18. Yul Sohn and Won-Taek Kang. *South Korea in 2012: An Election Year under Rebalancing Challenges*, Asian Survey, Vol. 53. 2013.

19. Larry Niksch. *The Park Geun-hye Government's Role in a Needed New Strategy toward North Korea*, Inernational Journal of Korean Unification Studies, Vol. 22. 2013.

20. JimE. Hoare. *Changing Power Relations in Northeast Asia: Implications for Relations between Japan and South Korea*, Asia Pacific Business Review, Vol. 19. 2013.

21. Jojin V. John. Becoming and Being a Middle Power: Exploring a New Dimension of South Korea's Foreign Policy, China Report, Vol. 50. 2014.

22. HJ Yoo. *The China factor in the US-South Korea alliance: the perceived usefulness of China in the Korean Peninsula*. Australian Journal of International Affairs, Vol. 68. 2014.

23. Leif-Eric Easley. *Korean Courage to Deal with Japan*, American Foreign Policy Interests, Vol. 36. 2014.

（一）报纸

《大公报》

《解放日报》

《新华日报》

《环球时报》

《人民日报》

［韩］《中央日报》

［韩］《东亚日报》

［韩］《朝鲜日报》

（二）期刊

《当代韩国》

《日本学刊》

《二十一世纪》

《东欧中亚研究》

《中国外交》

《历史研究》

《美国研究》

《国际政治研究》

《国际关系研究》

《战略与管理》

《当代亚太》

《当代世界》

《世界知识》

《现代国际关系》

《东北亚论坛》

《延边大学学报》

《东北师大学报》

[韩]《国际政治论丛》

[韩]《韩国东北亚论丛》

The Alliance Survives

Korean Studies

World Policy

Periodic Report

Foreign Affairs

后　记

我对韩国外交政策的关注始于 2007 年。2006—2007 年度，作为博士研究生的我在韩国学习，当时正值韩国第十七届总统大选，韩国上下的选举热情非常高，而当时李明博被选为大国家党的总统候选人后，就一直通过各种外交渠道与大国保持密切关系，他曾派特使去美国、中国、俄罗斯和日本等国访问。李明博是韩国民众心目中的传奇人物，他和卢武铉总统不同，一有机会就会强调韩美同盟和朝鲜人权问题。韩国外交即将面临的调整引起了我对韩国外交政策的关注，同时我在韩国短暂的学习、生活中切身体察到韩国学界对东北亚政策的研究实态，收集了大量有关韩国外交政策的资料，进而深切感受到韩国人对于民主、自由和幸福的渴望。

自 20 世纪 60 年代以来，韩国因其巨大的经济成就而举世瞩目。进入 80 年代以后，相对于经济成就，韩国的政治变革更加引人关注。20 世纪 80 年代末 90 年代初，随着东欧剧变、苏联解体，持续 40 多年的冷战格局就此结束。冷战后，东北亚各国关系发生了重大调整和变化。其中，深受东北亚地区大国关系影响的韩国，适应不断变化的国际环境，在东北亚地区逐渐调整其外交政策，使对外关系发生了不同于冷战时期的一些变化，这是选择韩国外交作为博士论文选题的初衷。

此书即是在本人博士学位论文的基础上修改而成的。千里之行，积于跬步。1998 年秋天，我考入延边大学历史系，从本科、硕士再到攻读博士学位，我在延边大学历史系已经学习生活了十年。“十年寒窗苦”也许只是世人对学习艰辛的比喻，而我对此却有着深刻的体验。学习期间，延边大学悠久的历史、博大的胸怀增长了我的知识，拓宽了我的眼界。感谢延边大学的老师们，在你们多年的培养、教导和帮助下，我才能够顺利完成学业。

我攻读硕士学位和博士学位，都是在恩师姜龙范教授的指导下进行的，由衷地感谢指导教师姜龙范教授。我师从姜龙范教授多年，他以自己深厚的学术功底、理论修养和严谨的学风，使我在学业上受到丰厚的教益。可以说是他给我打下从事学术研究的初步基础，我才得以有机会向更高的目标迈进。从论文选题、确定提纲、到论文的定稿都离不开导师姜龙范教授的悉心指导，他还在繁忙的工作之余对论文进行了细心修改。正是有了他的指导和支持，我才得以顺利完成论文。不仅如此，姜老师还在生活上给予了我很多的关怀和帮助。书稿完成之时，老师已经远赴天津就职，师恩之深，春风化雨，先生的教诲我将终生受益。

经常觉得自己是一个很幸运的人，无论何时何处总会得到帮助和关怀。延边大学的诸位老师，金成镐教授、李宗勋教授、孙春日教授、金强一教授、王晓波教授、赵立新教授、金祥波教授、金洪培教授在多年的学习工作中提供了诸多的鼓励和支持，感谢你们在论文写作及书稿出版过程中给予我的指导和关心，在此表示敬意和感激。

攻读博士学位期间，郭文君、张玉红、朴婷姬、姜丰裕、吴千石、王禹等与我一起度过美好的博士学习生涯，使我略显单调的读博生活苦中有乐，并且从中也受益匪浅。在这里，还要特别感谢同门师兄郭文君，郭师兄无论是在攻读博士学位期间还是之后的工作上都给予我诸多帮助，名为师兄，实为师长，在此致以最诚挚的谢意。

从 2009 年博士毕业至今已时过八载，在此期间虽然一直都有公开出版的计划，怎奈生性驽钝，又恐于愧对读者，一直未能如愿。这期间，韩国政权实现了更迭，2013 年 2 月韩国历史上第一位女总统朴槿惠正式宣誓就职，她确立缔造“第二个汉江奇迹”、开启“国民幸福时代”等执政理念和治国方略。在对外政策方面，朴槿惠表示今后将与中国、美国、日本、俄罗斯及亚洲和大洋洲等区域内国家增进互信。为缓和亚洲地区的紧张局势，增强亚太地区的和平与合作，朴槿惠总统提出了东北亚和平合作构想”、“欧亚倡议”等国政课题，标志着朴槿惠时代的到来。为不留遗憾，本书在博士论文的基础上，对朴槿惠执政初期的韩国外交政策进行了补充。

书稿得以出版，还得感谢家人对我的理解、鼓励和支持。感谢妈妈一直以来对我的鼓励，您的鼓励永远是我前进的动力；感谢丈夫对我的理解、支持还有宽容；感谢多年来姐姐及家人对我的诸多关心和照顾；还要感谢女儿果果，是你给我略显忙碌的工作和生活平添了许多乐趣。

最后，要感谢延边大学朝鲜半岛研究院出版项目的资助，特别感谢朴灿奎院长在书稿出版遇到困难时所给予的理解和支持，感谢时事出版社以及责任编辑为本书出版付出的心血。

经过艰辛的努力，《冷战后韩国的东北亚政策研究》终于可以与读者见面，深感欣慰的同时也有一些不安，由于学识浅薄以及在国际政治理论研究方面的不足，书稿中一定存在着我未能发现的错误，恳请诸位专家和读者批评指正，有利于今后进一步修改和提高。

马 晶
2017 年 4 月 28 日

图书在版编目（CIP）数据

冷战后韩国的东北亚政策研究/马晶著．—北京：时事出版社，2017.6

ISBN 978-7-5195-0075-7

Ⅰ.①冷…　Ⅱ.①马…　Ⅲ.①韩国—对外政策—研究—东亚　Ⅳ.①D831.260

中国版本图书馆 CIP 数据核字（2017）第 037776 号

出版发行：时事出版社
地　　址：北京市海淀区万寿寺甲 2 号
邮　　编：100081
发行热线：（010）88547590　88547591
读者服务部：（010）88547595
传　　真：（010）88547592
电子邮箱：shishichubanshe@ sina. com
网　　址：www. shishishe. com
印　　刷：北京市昌平百善印刷厂

开本：787×1092　1/16　印张：13.25　字数：190 千字
2017 年 6 月第 1 版　2017 年 6 月第 1 次印刷
定价：80.00 元